重要顧客と
最高の関係を
築くＡＢＭ

法人営業は新規を追うな

庭山 一郎
シンフォニーマーケティング

日経BP

はじめに

世界のエンタープライズＢｔｏＢは、ＡＢＭ（アカウント・ベースド・マーケティング）一色です。それは圧倒的な成果を出せるマーケティング戦略だからです。

しかし、日本企業はこの戦略を使いこなせるナレッジを持っていません。最も成果を出せる条件が備わっているのに、それを生かすことができないのです。これが本書を書いた理由です。

私が２０１３年にＡＢＭの途方もなく素晴らしい未来に気づいてから、もう12年になろうとしています。それから3年間にわたりＡＢＭを研究・実践し、２０１６年には国内初のＡＢＭ専門書『究極のＢｔｏＢマーケティング ＡＢＭ』（日経ＢＰ）を上梓しました。当時、世界でも3冊目のＡＢＭの専門書でした。

それから9年あまりたって、今や世界のエンタープライズＢｔｏＢ企業が採用するマーケティング戦略はＡＢＭ一色になりました。

私は長らくＢｔｏＢマーケティングに特化したコンサルティング業を営んでいます。１９９０年にシンフォニーマーケティングを設立して代表に就任し、数多くのＢｔｏＢマーケティング案件に携わってきました。累計では６００社を超えるクライアントと一緒に仕事をしています。

その経験から、日本企業はＡＢＭに関して大きなアドバンテージを持っており、近い将来最も多くの成功事例を出すと確信しています。それはＡＢＭに欠かせないいくつかの重要な要素を既に保有しているからです。これについては第3章で詳しく説明します。

少し悲しい日本の現状

5年ほど前から日本でも、ＡＢＭという言葉を耳にする機会が増え、ＡＢＭに関連する相談や勉強会に呼ばれる機会も多くなりました。それは私にとってうれしい半面、複雑な気持ちにもなる瞬間です。

ＡＢＭはデマンドジェネレーションの進化形です。デマンドジェネレーションを担当するデマンドセンターとその運用ノウハウがなければ始められないし、始めてはいけないものです。なぜならば、ＡＢＭのターゲットアカウントは多くの場合、既存顧客、つまり大口のお得意さまだからです。関係性を損なうと被害が甚大です。社内にステークホルダー（利害関係者）が多いので、その調整やリスク管理も大切な要素になります。マーケティングに使うコンテンツとして、非常にレベルの高い専門性を尖らせたものが必要になります。そのコンテンツを重要顧客のターゲット部署に送って反応をトレースする、というとてもレベルの高いナレッジが求められます。

しかしご相談いただく企業には、マーケティングの部署も、ナレッジを持った人も組織もないことが少なくありません。そもそもＡＢＭをマーケティングキャンペーンくらいに考えている場合すらあります。これではＡＢＭを始められないし、始めたら成果を出すより先に事故を起こすでしょう。

■ABMの経験を踏まえて本書を執筆

ABMはすでに効果を疑う必要がないほどに検証され、世界中に成功事例が多い強力なマーケティング戦略です。ただし成果を出すには、正しいナレッジを持った組織が絶対に必要です。世界を見ればABM関連の書籍は数え切れないほど出版されていますが、ほぼ日本語版にはなっていません。日本人が日本語でABMを学ぶ機会は限定されています。

読者のみなさんがABMを正しく理解して導入し、企業を成長させられるように、新たなABMの本を書くことにしました。

2016年に1冊目のABMの本を書いてからの9年間で、世界のABMは大きな進化を遂げ、私の会社シンフォニーマーケティングも多くの経験を積んでいます。大成功したプロジェクトもあれば、成果が期待を超えなかったものもあり、途中で消滅してしまったプロジェクトもあります。それらの経験を踏まえて、これからABMに取り組む企業にとっての正しい道しるべを書くべきだと考えたのです。

■ABM導入に必要なナレッジとプロセスを解説

ABMの導入にはナレッジとプロセスの両方が必要です。そこで本書は「ナレッジ編」とプロセスを解説する「実践編」の2部構成にしました。ここでは、第1部と第2部それぞれの内容について簡単に紹介します。

■ 図表A　ABM導入・実践の4つのフェーズ

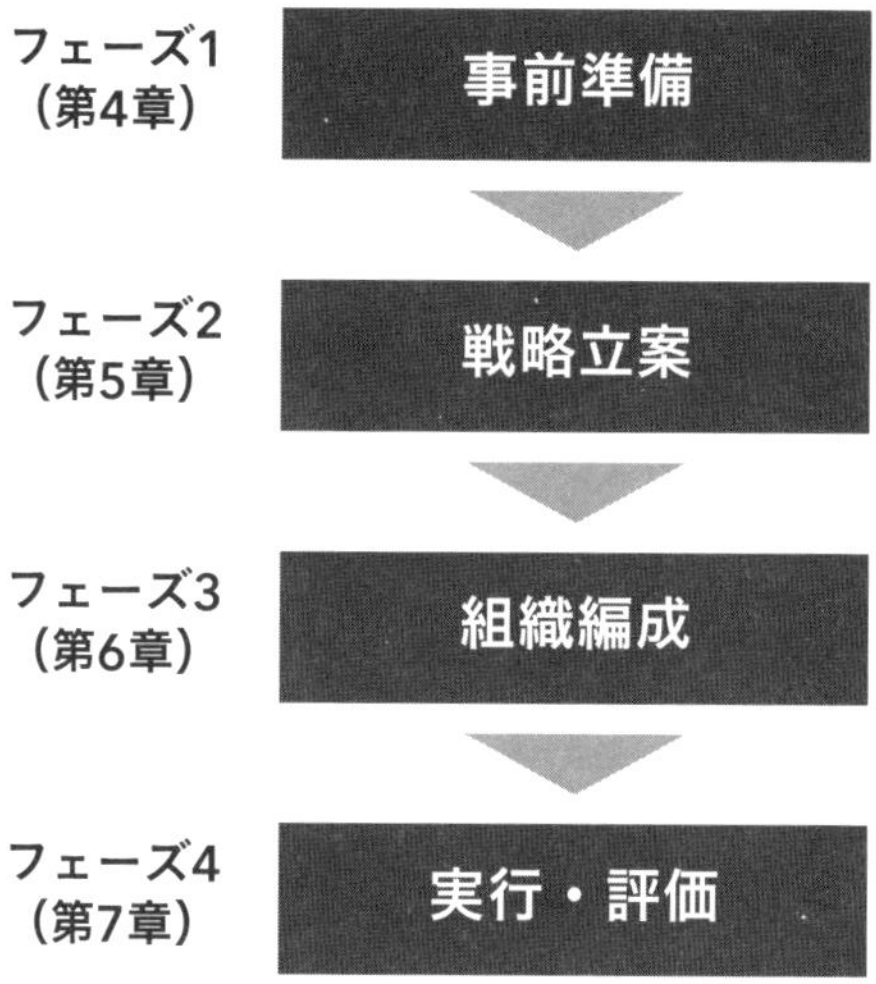

まずは第1部のナレッジ編からです。ＡＢＭはとても強力なマーケティング戦略ですが、その分正しく理解しないで始めると成果が出ないばかりか、思わぬ落とし穴に驚くことになります。

確実に成果を出すために必要なナレッジとして、第1章で世界のＡＢＭの状況を、第2章ではＡＢＭの定義と正しい理解、その応用範囲などを解説します。第3章では、なぜ日本のエンタープライズ企業は世界のどの国よりもＡＢＭで成功できる条件を持っているのかについて、根拠を示して詳しく書いています。

第2部は実践編です。導入のプロセスを4つのフェーズに分けて解説します。

第4章はフェーズ1として、ＡＢＭを始める前の「事前準備」を解説します。チェックリストに沿って充足度を確認し、必要条件をそろえていく方法です。チェックリストの各項目は成功の必要条件です。これによってＡＢＭをスタートできる時期が分かります。すべてクリアになる前にスタートすれば、暗礁に乗り上げてしまうでしょう。

第5章はフェーズ２「戦略立案」です。ＡＢＭの種別の選択、ターゲットアカウントの選定などを具体的に解説します。

第6章ではフェーズ３「組織編成」として、整えるべき組織とナレッジ、そして社内での情報共有レベルについて説明します。ＡＢＭは全社戦略です。関係者の理解度を深める努力と、その確認には万全を期さなくてはなりません。その理由と方法を書きました。

第7章はフェーズ４「実行・評価」です。ＡＢＭを実行したら、必ずといっていいほど起こる事象や問題があります。想定外の問題が起きたときの対処も重要です。ターゲットアカウントは既存の大口顧客です。万が一にも失うことがあってはいけないのです。ＡＢＭはお金もリソースも時間もかかる大規模な戦略的マーケティングです。効果測定ができなければ、投資を継続することは難しいでしょう。その指標を具体的に書いています。

本書を最後まで読めば、あなたはＡＢＭの正しい知識を持って準備を進められます。何をチェックし、補い、それがどこまで整ったらスタートできるのかが分かっている状態です。

さあ、この本をガイドにＡＢＭの旅に出かけましょう。

2025年1月吉日　庭山一郎

第1部
ナレッジ編

第１部では、ＡＢＭとは何か、何がこれほど世界のＢｔｏＢ企業の戦略担当者を夢中にさせているのか、を学びます。

ＡＢＭはとても強力なマーケティング戦略ですが、魔法ではありません。強力な分だけ副作用も存在します。そして企業にとって何より大切な既存の大口顧客を対象にするマーケティング戦略です。ですから、担当者だけでなく、経営幹部も含めた多くの関係者が正しく理解しなければならないのです。

第1章

BtoBの企業はABMに夢中

第１章では、ABMの魅力についてお伝えします。私はマーケティングを40年やってきた経験から、そしてABMを10年以上研究してきた実績から、日本のBtoB企業のマーケティング戦略はABM一択でよいとさえ考えています。ABMはそれほど重要であり、今の日本企業が抱える多くの問題を解決し、日本を元気にできる力を秘めています。

1-1

ABMで日本を元気に！

日本経済が元気を失い、日本企業の多くも元気がありません。日本の未来が明るいと考えているビジネスパーソンは少ないように見えます。

株式時価総額で比較する企業ランキングの上位には日本企業の姿はほとんどなく、為替もあいまって日本を代表する企業すら外国からの企業買収の対象になるほどです。日本企業は割安な買い物なのです。

割安の一つの原因はコングロマリットディスカウントです。50年、100年の歴史を持つ日本の大手企業はその歴史の中で多くの事業や製品・サービスを生み出してきました。日本人は生み出すのは得意ですが、壊すのはとても苦手です。先輩社員がつくり上げた事業や製品を止めたり売却したりすることに抵抗を感じる義理堅い人が経営者に多いのです。その結果、多くの企業は社員ですら覚えきれない数の商材を抱えています。存在を知らない商材を組み合わせてシナジーを生み出せるはずがありません。

社員が知らないなら顧客が知っているわけもありません。知らないものは絶対に買わないのです。

顧客が付き合いの長い企業の商材の存在を知らない理由は「マーケティングの不在」です。日本のＢｔｏＢ企業は顧客とのインターフェースを「人」だけに頼ってきました。マーケティングやテレビコマーシャルなどはＢｔｏＣ企業のやるべきことで、ＢｔｏＢ企業は人こそが唯一のインターフェースであり、他のチャネルなど必要ないと考えていたのです。

訪問したある企業で現役の営業部長にこう説明されたことがあります。

「ウチの会社は基本的に大口顧客の事業所から10キロ以内に営業所を配置しています。電話をもらえば30分以内に行けるからで、これが絶大に評価されています」

もちろんこれは素晴らしい戦略です。これで顧客に評価され、継続した受注が確保できているなら間違いなくその企業の価値でしょう。

しかし、ならば人間以外のコミュニケーションチャネルが必要ないかといえばそれは違うのです。人間はどんなに優秀で顧客に評価されている人であっても「時間」と「肉体」の制約を超えることはできません。時間の制約とは、夜中の2時に顧客に連絡できないでしょうし、週末に商談することもできないのです。肉体の制約とは、同時に複数の事業所や部署を訪問したり、複数のミーティングに参加したりできないことです。

この制約の中で動くアカウントセールスは、キーパーソンを絞って時間配分をしています。そのセンスがよいから顧客を守れているのです。でもその陰で本来は会わなければいけない人、訪問しなければいけない事業所、ケアしなければいけない新規事業などに時間を割けずにいます。

個人のサインで決裁する米国ですら、購買に関わる人は10年前の3～4人から今は7～8人に増えたといわれています。その合意形成がなければ購買にならないのです。もちろん「バイヤーグループ」と呼ばれる購買に関わる人の数は日本なら恐らく10人を超えます。稟議書《りんぎしょ》にハンコを押す承認者以外にもステークホルダーは存在するからです。でも担当営業が会えているのは1～2人だとしたら、それは心細い限りでしょう。

現代のマーケティングはデジタルテクノロジーを使います。世界で1万5千ブランドを超えるマーケティングツールが存在し、そのどれとどれを選び、つないで実現するかを設計することもマーケティングの大きな仕事です。マーケティングはそれらのテクノロジーを駆使して、どの企業のどの事業所のどの部署の人は今何に困って、その課題を解決するためにどんな情報を収集しているかを見つけ出すことができます。その情報を営業部門と適切にシェアすることで、ビジネスチャンスを見逃さずにアプローチすることが可能になります。

営業という人間だけでなく、デジタルだけでもない、マーケティングと営業の融合であり、コラボレーションです。さらにそこにものづくり（研究開発・設計・生産技術）が加わり、カスタマーサクセスが加わると、売り上げ（Revenue）をつくるための最強組織である「RevOps」になります。世界はそこを目指しています。

コングロマリットディスカウントから、コングロマリットプレミアムに転換するには、このマーケティングの強化以外に道はありません。中でもＡＢＭこそが日本のＢｔｏＢ企業が大車輪で取り組むべき戦略なのです。本書は日本企業がＡＢＭに正しく取り組むためのガイドであり、手引書です。

1-2

ABMにしかマーケティング予算がつかない

2023年に米国で開催されたあるカンファレンスで、司会者と、登壇したシックスセンス（6sense）のCRO（最高収益責任者）であるラタニー・コナント氏が次のようなやり取りをしたのを覚えています。

「ABMという言葉がBtoBマーケティングの中心的な話題になってからもう10年以上たちますが、話題の中心になっている理由は何だと思いますか？」

「It works!（成果が出るからよ）」

これは私の実感とも通じます。ABMは本当に成果が出るのです。

ABMという言葉を米国で耳にするようになったのは2010年頃からだと思います。当時は私も「ターゲットを絞ったマーケティング」というくらいにしか考えておらず、大げさな名前を付けるものだな、と考えていました。

そのバズワードだと思っていた言葉がすたれるどころか、耳にする機会が徐々に増え、2013年頃にはサーチエンジンの検索数でも急上昇していました。そして同じ年に米国で開催されたカンファレンスのケーススタディーセッションで驚くべき成果を見て、「これは単なるバズワードではない」と確信し、研究を始め、日本のクライアントにも紹介し、その研究成果と実績をまとめて2016年に『究極のBtoBマーケティング ABM』（日経BP）を上梓しました。

それから9年がたちましたが、世界のエンタープライズBtoBはABM一色と言ってよいくらいになりました。マーケティング部門にABMの専門部署を置く企業や「ABMリード」という肩書の付いた人も珍しくなくなっています。

ABMはもはやエンタープライズBtoBの本流に位置づけられます。

ABMはなぜここまで大きな存在になったのでしょうか？ それは、BtoB企業の売り上げ構成比にあります。SMB（Small and Medium Business）と呼ばれる中小企業は比較的小口の顧客を多く持つ傾向がありますが、企業規模が大きくなると逆に売り上げに占める大口顧客のシェアが高くなります。その平均を取れば、売り上げの80％は上位15～20％の顧客からもたらされています。これは、この上位20％の顧客を競合に奪われてしまえば企業は存続が難しくなることを意味します。つまり企業がその存続を賭けて大切にすべき顧客はこの20％ということになるのです。

これはイタリアの経済学者ヴィルフレド・パレート氏が提唱した「パレートの法則」で説明できる現象です。社会の富や所得などは全体を構成する一部が生み出しているとしたもので、日本では「2：8の法則」とも呼ばれます。

ＢｔｏＢの場合、収益をもたらしている上位企業は、調査するまでもなくはっきり見えています。しかもパレートの法則がもっと極端に効いています。日本の製造業であれば、トップ10％の顧客で売り上げの90％を稼いでいる、というケースも珍しくないのです。

となれば、その企業が絶対に守るべき顧客はその10％ということになります。売り上げの90％を失うその絶対に失ってはならない重要顧客にフォーカスしたマーケティング戦略がＡＢＭなのです。

ＡＢＭが注目される背景にはテクノロジーの進化がありました。顧客管理にＣＲＭ（Customer Relationship Management：顧客関係管理システム）が、案件のパイプラインマネジメントにＳＦＡ（Sales Force Automation：案件管理システム）が、そして商談をつくるデマンドジェネレーションにＭＡ（マーケティングオートメーション）が登場したことで、売り上げや利益の構造が可視化されたのです。それと同時に、絶対に守るべき重要顧客が、意外に大切に扱われていなかったことも分かりました。

日本の慣用句に「釣った魚に餌《えさ》はやらぬ」というものがあります。営業リソースは新規にこそ振り向けるべきで、既存顧客は納品チームが守ればよい、という考え方が長く続いていた中で、テクノロジーの進化によって、それが大きな間違いであり、営業リソースを割り振るべきなのは既存の重要顧客ではないのか、と気付く人が出てきました。

そして、ごく少数の重要顧客に絞ってマーケティング活動を展開したところ、思ってもみない成果が出たのです。さらにＡＢＭで関係が強化された重要顧客は売り上げが最大化されるだけでなく、利益でも他の顧客よりはるかに稼げていることが見えてきました。たくさん買ってくれている顧客は価格もシビアなので利益は出ないと信じていた企業は驚きました。しかし考えてみれば、一つの製品やサービスを同じ部署に大量に販売すればボリュームディスカウントを求められるのですが、異なる事業所や製品ライン、部署、関連会社などに異なる商材を販売しますから、企業の売り上げが増大しても利益率を落とすことにはならないのです。

そして複数の製品やサービスを納品すればするほど、顧客から見たら重要なベンダーとなり、さらにシナジーを効かせた提案ができるようになって顧客との関係は深くなりました。こうした実績に基づいて、ABMは全社戦略となり、グローバル企業では世界規模で展開されるようになったのです。

私の会社が2022年度以降に国内の外資系企業からいただいたご相談は、勉強会や壁打ちのアドバイザリー、実施計画の策定からプロジェクトマネジメントまでのほぼ100%がABM関連です。外資系企業では、ABMに関連したマーケティング施策以外では予算が承認されない、という状況にまでなっています。

1-3 アップルやブルームバーグの強さの秘密

企業にとって顧客が大切なのは言うまでもないでしょう。その顧客からは日々さまざまな要望が出ます。要望には機能もあれば、価格もあれば、連携サービスもあります。それらをふまえて製品やサービス開発を行いますから、商材が市場とフィットする「ＰＭＦ（プロダクト・マーケット・フィット）指数」などで見ても圧倒的に既存顧客にフィットします。

実はマーケティングから見てもこれが最も効率がよいのです。

２０００年からの20年間で世界で最も輝いた企業はアップル（Apple）でしょう。スティーブ・ジョブズ氏という天才が創業し、その天才を解雇して数年で倒産寸前まで業績を悪化させ、天才創業者が復帰して一気に時価総額世界一の企業になる、という映画でもここまではないという離れ業をやってのけた企業ですが、その特徴はすべての製品・サービスのターゲットセグメントが一致しているということです。

よくアップルの強さは「パーソナルコンピューター」「スマートフォン」「タブレット」「腕時計」、

そしてそれらのデバイスで動く「アプリケーション」と「データストレージサービス」などとても数少ないラインアップで膨大な売り上げを稼いでいることだといわれます。経営戦略や財務から見ればこれほどの効率はなく、それをファブレスでつくっているとなればリスクも最小です。

しかしマーケティングの視座から見れば、アップルの強みは完全一致したターゲットセグメントに対して連携する製品やサービスを展開している点です。

アップルウオッチを着けている人は圧倒的にiPhoneユーザーが多く、その人が使っているタブレットはiPadで、ノートパソコンはMacBookです。それらのデバイスはアプリケーションで高度に連携し、スケジュールやメール、メッセージ、健康状態をシェアして、先端のハイテクノロジーと、人間らしいハイタッチを融合したライフスタイルを実現してくれます。これは、売り上げ規模が同じ頃のソニーや東芝やパナソニックにはなかった特徴です。

数年前に出張で米国のボストンを訪れたとき、打ち合わせの合間に仕事をしようとスターバックスに入りました。そこはチャールズ川の対岸にあり、世界最高の理系大学といわれるマサチューセッツ工科大学と、世界最高の文系大学といわれるハーバード大学の近くでした。仕事をしていて、ふと気付いたのですが、周辺のテーブルで話したり、仕事をしたりしている人のほとんどがアップルのMacBookやiPad、そしてiPhoneを持っていました。恐らくそのときテーブルにWindowsPCを置いていたのは私だけだったと思います。

午後の打ち合わせのとき、その話をしたらこう言われました。

「アップルのターゲットペルソナにドンピシャだからね、あの辺の人たちは」

アップルの株式時価総額を世界一に押し上げた製品はiPhoneです。これは「電話」「デジタル音楽プレーヤー」「インターネットアクセス端末」を融合させた製品です。アップルはデジタル音楽プレーヤーとしてiPodを、インターネットアクセス端末としてMacBookを持っていましたが、電話は持っていませんでした。

一方、当時のシャープ、ソニー、富士通、東芝、NEC、パナソニック、三菱電機などはこの3つとも既に製品として持っていました。つまり彼らがiPhoneを創ってリリースしても何の不思議もなかったのです。しかし現実は、それぞれ事業部が異なり、その事業部が独立した企業のようにそれぞれの顧客をイメージしながら製品開発をしており、製品や技術をある特定のターゲットセグメント向けに融合し、シナジーの効く製品を開発しようとはしませんでした。

2024年の暮れに、東京で校條浩氏とお会いする機会がありました。校條氏はベストセラー『演繹革命』（左右社）の著者であり、シリコンバレーでNSV Wolf Capitalというベンチャーキャピタルを運営している人でもあります。私にとっては今でも、レジス・マッケンナ氏が率いていたマーケティングコンサルティングファームのマッケンナ・グループの代表パートナーだった方です。

マッケンナ氏こそは、顧客データ活用の重要性に最初に着目し、IBM、HP、インテル（Intel）などをコンサルし、その名声を聞いたスティーブ・ジョブズ氏がマーケティングの師と仰いだというシリコンバレーの伝説のマーケターです。代表的な著書『Relationship Marketing』（邦題『ザ・マーケティング：顧客の時代の成功戦略』）は世界中のマーケターのバイブルとなりました。校條氏はそのマッケンナ氏の会社で代表パートナーを務め、マッケンナ氏の著書『Real Time』(邦題『リアルタイム：未来への予言』)の翻訳もしています。

その校條氏が『演繹革命』の中にも収録されている「One Phone」の話を聞かせてくれました。アップルがiPhoneを発表する数年前に、校條氏は日本のあるメーカーに「電話」と「デジタル音楽プレーヤー」と「インターネットアクセス端末」を融合させた「One Phone」と呼ばれる端末の提案をしたのだそうです。しかし、縦型組織のうえに社内ばかり見て市場を見ていなかった日本企業はこのアイデアに取り組もうとしなかったそうです。

その結果は今我々の眼前の光景です。iPhone以前は、多くの日本のメーカーが様々な工夫を凝らしたすてきな携帯電話をつくり、日本中に普及させましたが、瞬く間にiPhoneにこの途方もなく魅力的な市場を奪われてしまいました。

顧客や市場にフォーカスするか、しないか。これによって大きな差が付く一つの典型例といえます。企業がフォーカスすべきは自社の事業部や技術ではなく「市場」であり「顧客」であり、「顧客の課題」なのです。

BtoBのケースでいえば、米国にブルームバーグ(Bloomberg)という企業があります。全世界に2万人を超える従業員を抱え、売り上げが数兆円に上る金融情報端末の王者として君臨しています。

この会社は創業者のマイケル・ブルームバーグ氏が米国の大手金融会社ソロモン・ブラザーズ(Salomon Brothers)でトレーダーをしていた経験から、金融ビジネスでトレーディングに関わる人をターゲットセグメントに限定し、徹底的に使い勝手にこだわったシステムを開発しました。それを

「Bloomberg Terminal」と呼ばれる専用ハードウエアに組み込んで販売し大成功しました。

ブルームバーグはこの情報端末に流す記事でも差別化をしようと考えました。画面から目を離せないトレーダーにも好きな野球やバスケットのチームはあります。その試合の様子を画面の隅にティッカーとして流したり、その人が気になる情報をテキストで流したりするようになりました。こうした付帯サービスはトレーダーにとって「自分たちの仕事を本当によく理解している企業だ」というシグナルになり、競合に対する強烈な優位性を演出しました。

これで確信を深めたブルームバーグは１９９０年に報道部門をつくり、専用端末以外にもニュース配信を始めました。92年には全米初の金融情報専門ラジオ局を設立し、さらに96年にはブルームバーグテレビを開始します。これらすべては「金融ビジネスに関係する人」というターゲットセグメントに対して提供するサービスでした。トレーダーを中心とした金融関係者にフォーカスしても、銀行、証券、保険、年金基金管理会社など多くの顧客が存在し、グローバルでは巨大な市場になります。その市場にフォーカスし、圧倒的な使い勝手によって支持されることで、金融情報端末の王者のポジションを維持しています。ターゲット市場をフォーカスして経営資源を割り当てることは、そこから圧倒的な支持を得る可能性が高まるということなのです。

ターゲットを絞れず、経営資源を重要顧客に割り当てられないことは、今日本の大企業を悩ませている「コングロマリットディスカウント」の原因でもあります。多くの事業部がそれぞれ好き勝手に製品を開発し、シナジーを効かせようとしないので、ヒット商品やサービスが出ても全社的な利益貢献までには至らず、それが理由で低株価のまま買収の対象になってしまうのです。

顧客基盤を整理し、重要顧客にフォーカスし直さない限りこの問題から逃れることはできません。

1-4

ＡＢＭが狙うべき重要顧客とは

ＡＢＭがうまくいかない企業の話を聞いていると、ターゲットアカウントの決め方が雑なことが多くあります。ターゲットアカウントは「重要顧客」と呼ばれますが、例えば20社をターゲットに選ぶとします。もちろん単純に売り上げのトップ20社ではありません。その業界の売り上げ上位20社でもありません。

「最も伸びしろがある20社」を探す必要があります。なぜならば顧客が自社の製品やサービスをよく知っていて、それでも他社の製品やサービスを選択しているケースでは、それをリプレースすることはとても難しいからです。ＢｔｏＢはプロとプロの世界です。ＢｔｏＣのように売り手と買い手の専門知識の差が大きく、売り手側に圧倒的なアドバンテージがあるとは限りません。それどころか工作機械などは、それを販売しているセールスよりもその機械を日々使って加工しているユーザーのほうが詳しいことは普通にあるのです。

ですから、よく知っていて買わない場合、買わない確たる理由が存在します。性能、コスト、他の機械や制御システムとの連携などで、これを覆すのは非常に困難なケースが多いのです。

一方、顧客はよく購入する商材だけしか知らない、ということもとても多いものです。顧客は購入している商材でその企業を認識します。

- ガラス製品を購入していればガラスメーカーとして認識します。その企業が製造している優れた化学品のことはほとんど知りません。
- 大量の電設資材の調達先であるメーカーが、照明と防災を融合した制御システムを販売していることは知りません。
- 情報システム部門に要員を常駐してもらっているシステム会社がとても優秀な人事管理パッケージを販売していることを人事部門は知りません。
- 化学繊維の商社として付き合っていた会社が実は研究開発のパートナー機能を持っていることは知りません。

買ったことのない製品やサービスは知らないほうが普通です。大企業同士であれば、付き合いのある事業部や部門以外の情報はお互い知らないものなのです。

自分の会社のコアな価値を、私の会社シンフォニーマーケティングでＤｏＶ(Definition of Value：価値の定義）と呼んでいます。既存顧客が製品やサービスを買っている理由であり、感じている価値です。

残念ながら多くの場合、企業が考えているのとは別の理由で顧客は購入しているものです。これはピーター・ドラッカー氏が著書の中で「企業が売っていると信じているものを顧客が買っていることはまれである」と喝破していることです。

ターゲットに選定すべきは、このDoVで解決できる課題を抱えている企業です。この状態であることを前提にして、属性である規模（社員数、売り上げ、事業所数など）やエリアなども考慮し、さらにその企業に所属する個人情報の数や、担当する事業所や部署にどれくらいのコンタクトポイント（名刺の表面と同等の情報）があるか、などで選定しなければなりません。

またABMは手間が掛かるマーケティングであることを理解しなければなりません。事前のリサーチもデータマネジメントもコンテンツマネジメントもとても詳細に運営する必要があるからです。欧米の先進国ではABMの専門部隊をつくり、ABMに特化したシニアマネジャーや担当副社長を配置するほどです。そうして予算やリソースを投入するからにはそれを回収しなければなりません。販売しようとしている商材が回収できるだけの価格になっているか、相手がそれを購入する財務基盤を持っているかも重要です。

こうした複数の要素を合わせて選定しなければ成功できないことはもちろんですが、仮に成功してもコストを回収できないということになってしまいROI（投資対効果）で情けないレポートを書くことになります。

ABMは驚くような効果を出せるマーケティング戦略ですが、一方ではターゲットの選定も含めた長期的な戦略でもあります。

米国の友人と話した際、次のようなやり取りがありました。

「日本のある顧客から6カ月で成果を出すABMを提案してほしいって言われたんだよ」

「6カ月で成果なんてあり得ない。君がもう一度ABMをきちんと教えないとダメだよ。そうでなければABMへの投資をやめさせるべきだね」

ABMは長期戦の覚悟が必要なのです。

1-5

ABMは重要顧客から競合を排除する

ABMは特定のターゲット顧客からの売り上げ最大化を目指す戦略的マーケティングです。売り上げを最大化するにはクロスセルとアップセルが必要です。

クロスセルとアップセルの定義については「2-6　ABMに適さない企業」で説明しますが、基本的にはどちらも顧客との取引額を大きくすることを目的とした販売手法です。アップセルは、より高価格なものへの乗り換えをお勧めしたり、同じ顧客の他の事業所や部署にも導入してもらうように働き掛けたりするものですが、これだけでは最大化は難しいものです。

そこでクロスセルを仕掛けることになります。クロスセルは、顧客が購入してくれている商材と関連した製品やサービスを販売することです。人事給与システムを販売していた企業が勤怠管理システムやタレントマネジメントシステムを販売することはクロスセルです。この場合、顧客が今使っている勤怠管理システムは他社が販売したものですから、それを自社製品でリプレースすることになります。つまり顧客から競合企業の製品・サービスを排除することになります。

実は、マーケティング先進国の企業がABMの強化やナレッジの習得に血眼になっているのはこの競合排除が強烈に作用するからです。大切な顧客から排除されるか、競合を排除するか、という戦いなのです。

米セールスフォース（Salesforce）は営業活動と、商談のパイプライン管理をするためのＳＦＡというカテゴリーのチャンピオンでした。そして連携ソリューションでＢｔｏＢ企業がマーケティングに使うＭＡは各ベンダーと等距離で付き合っていました。２０１０年頃のセールスフォースのドリームフォースという大規模なイベントではＭＡベンダー各社がブースを並べて、機能を競っていました。しかし２０１３年にセールスフォースもユーザーとして使っていたエロクア（Eloqua）が競合企業である米オラクル（Oracle）に買収されたことで状況が一変しました。オラクルは強力なＳＦＡ／ＣＲＭ製品を持っています。

セールスフォースはPardot（Marketing Cloud Account Engagement）というＭＡを親会社ごと買収し、セールスフォースのＳＦＡユーザーに対して強力な販売を仕掛けてきました。それまではパートナーであったエロクア（Eloqua）、マルケト（Marketo Engage）、米シルバーポップ（Silverpop Engage）、米ハブスポット（HubSpot）などを顧客から排除する戦略に転換したのです。今ではＭＡの最大シェアはセールスフォースが持っています。これはＳＦＡユーザーに対して仕掛けたワン・トゥ・メニーのＡＢＭ戦略の成果といえるでしょう。

自動車などの設計に使われる3次元ＣＡＤ（コンピューター支援設計）は、ドイツのシーメンス（Siemens）、フランスのダッソー・システムズ（Dassault Systemes）、米国のオートデスク（AutoDesk）がシェアを争っています。その中のダッソーは10年前から3DEXPERIENCEというブランドでのプラットフォーム戦略を推進しています。今まではCADではダッソーの製品を使っていても、小さなパーツの設計には他のCADを、実験や分析なども他のブランドを使うことが普通でした。ダッソーはこれらをすべて取り込むプラットフォーム戦略にチャレンジしています。小型のパーツや製品を設計するCADシステムとしてソリッドワークス（SolidWorks）などを買収し、設計からシミュレーション、解析、部品表（BOM）、そして取り扱い説明書までものづくりに関わるすべてのデータを統合して、ユーザー企業の設計から試作、量産、販売までの生産性を圧倒的に引き上げることで競合を排除する戦略です。これも高いシェアを持つ「CATIA」というCADを中心に据えたワン・トゥ・メニーのABM戦略です。

機能性素材では最大手のドイツのBASFもプラットフォーム戦略で統合サービスを提供しようとしています。世界はプラットフォームの戦いに向かっていますが、そのコアにはABMがあるのです。

第 1 章

BtoBの企業はABMに夢中

1-6

ＡＢＭの思考は営業とマーケの溝を埋める

ＡＢＭのターゲット企業を選定するとき、基本的には「既存顧客」の中から選びます。それは既に信頼関係が築けていること、付き合いが長ければ長いほどその企業に所属する個人情報を名刺交換によって保有していること、そして、その企業を担当しているアカウントセールスの頭の中には、ＳＦＡやＣＲＭに書かれていない顧客の情報が豊富に存在することなどが理由です。

ただ多くの場合、その大口顧客を担当しているアカウントセールスは徹底的に対面で顧客と向き合っているので、マーケティングと連携した経験を持っていません。マーケティングというものは新規の顧客開拓や新製品の販売で使うもので、既存製品を買っていただく既存の大口顧客には不要だと考えている人が日本では経営層にすら多いのです。

ですから、経営者がＡＢＭを採用しても、アカウントセールスチームが強烈に抵抗するのはある意味「普通のこと」です。これをシンフォニーマーケティングでは「俺の客問題」と呼んでいます。

「俺の名刺はデジタル化しないから」

「俺の客に勝手にメール配信するのは止めてくださいね」
「まさか俺の客に勝手に電話とかしませんよね？」

こうした言葉をアカウントセールスから何度言われたか分かりません。しかし、このマーケティングと連携した経験のないアカウントセールスチームがひとたびＡＢＭに協力し始めると、驚くような成果が出ます。セールスチームが持っている顧客情報はそれほど重要なのです。

ＡＢＭは顧客にフォーカスをしたコンテンツマネジメントを行います。場合によっては顧客のキーパーソンが悩んでいる今最も優先度の高い課題をリサーチし、その課題解決のヒントをコンテンツ化することまでやります。フォームやランディングページをその企業専用につくることが普通ですが、場合によっては部署や個人専用のランディングページまで作成します。そのランディングページのデザインテーストやコピー、そしてコンテンツは、アカウントセールスチームの情報に基づいた最適なものです。

ＡＢＭでターゲット企業を選定する場合基本的には「既存顧客」の中から選ぶべきと書き、その理由も説明しました。しかし、ＡＢＭの定義には「既存顧客」の文字はありません。それは新規顧客を獲得する場合でも活用できる戦略だからです。もちろん社内の個人情報がないか、少ないでしょうし、取引がないのでまだ信頼関係もありません。営業の持っている顧客情報も限定的なはずです。それでもＡＢＭは効果を発揮します。

２０２３年にシンフォニーマーケティング主催で、エンタープライズＢｔｏＢに特化したカンファレンス「IGC Harmonics」の第1回を東京ステーションホテルにて開催しました。このイベントで、シンフォニーマーケティングのアドバイザーで私の古い友人のスティーブ・ゴシック氏がシリコンバレーから来日して講演し、米スノーフレーク（Snowflake）が大手通信会社との新規契約をＡＢＭの手法で獲得したケースを語りました。

スノーフレークは会社としても営業部門としても大手通信会社との契約を獲得したいと考えていたので、マーケティング、ＳＤＲ（Sales Development Representative）、セールスでクロスファンクショナルチームをつくり、ターゲット企業の情報を収集しました。米国には「インテントデータ」と呼ばれる意思を持った行動データを合法的に入手する方法がいくつも存在します。

ＢtoＢの場合、何かを購入したり契約したりすることは目的ではなく、課題の解決手段です。そこで発注する前に、課題の解決手段をリサーチします。もし自分が選択した手段よりもはるかに効率のよい手段があったことが後で分かれば、社内での立場がとても悪くなるからです。その情報収集の行動をインテントデータとして入手できるのです。スノーフレークはターゲット企業のキーパーソンが高速データアクセスに強い関心を持っていることを突き止めました。

そしてこの「高速データアクセス」はスノーフレークの最も得意な価値、すなわちＤoＶの一つだったのです。これがとても重要なポイントです。自分たちの得意技で解決できる課題を持っている相手だからビジネスチャンスなのです。

それが分かればあとは、自分たちが顧客の課題解決の力になれることを伝えるだけです。そのテーマでさまざまなコンテンツを用意し、キーパーソンごとに専用のランディングページを作成し、いくつかの手段でそのランディングページに招待しました。ランディングページを訪問し、ホワイトペーパーや動画を参照したタイミングで、SDRからのコールによって数週間以内にキーパーソンとの面談の承諾を獲得し、セールスにリレーして大型受注を獲得しました。

このケースはスノーフレーク社内で話題になり、企業や営業チームがとりたいと思っている企業を狙い撃ちできる手法として次々にクロスファンクショナルチームが立ち上がり、年間で数百のキャンペーンを回すようになったとのことでした。

こういう実績が出れば、マーケティングと営業の壁など存在するはずもありません。

マーケティングが営業を嫌うのは、いくら案件を出しても営業が相手にしてくれないからであり、営業がマーケティングの案件をフォローせず、フィードバックもしないのは、そんな案件から受注が取れると思っておらず、ただ自分たちにとって余分な仕事を増やされたと考えているからです。しかし営業担当も本当は、担当している顧客の中に行けていない事業所や会えていないキーパーソンが必ず存在し、なんとかしたいとチャンスを狙っています。そこにマーケティングが貢献するなら一緒にやらない理由などないのです。

だから、経営戦略の柱にABMを据え、高い目標を設定することは効果があります。既存顧客の売り上げを30%伸ばせと言われれば、いつも通りの営業活動でのオーガニックなストレッチでは達成不可能ですから、アカウント営業もマーケティングと連携せざるを得ないのです。

1-7

ＡＢＭで海外の新市場への参入を支援する

ＡＢＭでターゲットアカウントの情報を詳細に分析すれば、海外戦略に大きな効果を上げることができます。海外の売り上げを伸ばす場合、販売代理店政策の王道である「ＰＲＭ（Partner Relationship Management）」のナレッジを持たない日本企業は、その国や地域で強い販売代理店を確保することが最優先となります。しかしこの方法ではその地域の販売が代理店任せになってしまい、コントロールが難しくなるばかりではなく、この地域の顧客情報も握られてしまうため、代理店を換えたり、他の代理店を入れたりしようとすると、思わぬ抵抗に遭うことになりかねません。

ここにＡＢＭを活用します。例えば工作機械、搬送機器、パーツ、機能性素材などが商材の場合、その地域でのファーストターゲットは、日本国内で取引のある企業と資本関係のある現地企業です。「御社の日本の親会社に、弊社のこの製品を使っていただいています」というセールストークを使えるので、商談をショートカットでき、かつ有利に進めることができます。海外企業はローカルのサプライヤーを使うことが増えたのは事実ですが、販売会社も日本から販売するわけではなく、現地法人や現地企業との合弁企業、または現地の販売代理店を通して販売しますから、同じローカル企業なのです。

こうしてファーストターゲットを開拓した後のセカンドターゲットは、ファーストターゲット企業と取引のある現地企業です。これも同じテクニックを使って切り込むことができるでしょう。そしてセカンドターゲットまで進めば、現地の導入事例が豊富になりますから、そこで初めて本当のローカル市場に営業することが可能になります。

このファーストターゲットから商談を創出して現地の販売代理店に供給する手法を確立できれば、代理店に全部任せるというコントロールの難しい手法に頼る必要はなくなります。

私はたとえ土地勘のない海外市場であろうと、マーケティング戦略を活用することでビジネスをコントロールできると考えています。ましてABMなら自社のターゲットアカウントの関連会社ですから、自社でコントロールしなければならないのです。

このグローバルABMを実施するには、現地のどの企業が日本国内のどの顧客と資本関係があるのか、取引があるのかをマッピングして可視化しなければなりません。難しそうに感じるかもしれませんが、ABMデマンドセンターが機能していればそれほど難しい作業ではありません。

コラム 1

商談の70%は他の情報チャネルの影響を受ける

経営者と話していて意外に思うのは「当社は既存の顧客をしっかりグリップできている。課題は新規市場の開拓だ」と考えていることです。この課題認識の上に立ち、既存顧客からの売り上げを基礎として、新しい市場の開拓を目指し、そのために新製品・サービスを開発してリリースしています。有名なフレームワークであるプロダクト・ポートフォリオ・マネジメント（PPM）でいえば、既存顧客をキャッシュカウと考えて、そこから生まれる収益を、問題児である新規市場につぎ込もうとしています。

しかし、プロダクトポートフォリオのキャッシュカウとは「競合の去った世界」です。競争を勝ち残りトップシェアを守り抜いたことで競合は去っていき、さらにイノベーションも鈍化したことで研究開発への投資や新規の設備投資の必要がなくなった世界なのです。競合のいない世界では価格の主導権を確保できます。値引きしなければ競合に奪われるリスクはありません。値引きせずに販売できて、しかもブランドも含めた新規投資が必要なく、設備の原価償却も進んでいる世界だから高収益が確保できるキャッシュカウなのです。

では、今の日本企業の既存顧客は本当にその状態でしょうか？

もしそうでないとしたら、その企業はとても危ない橋を渡ろうとしています。競合が狙っている既存顧客に経営資源を集中させるどころか、他に軸足を移そうと考えています。新しく開発し、またM＆Aで手に入れた製品・サービスは既存顧客ではなく新規市場の開拓をもくろんだものです。この戦略を実施している最中に既存顧客からの受注が崩れれば、戦略は完全に崩壊します。

アカウントプランで見ても、既存顧客への販売予算は多くの場合前年実績から算出しますから、すでに見えている数字でもあります。ストレッチはなく、いわば現状維持の守りの予算です。

企業にとって大切な顧客ですから、アグレッシブな予算を組んで営業してすべてを失うリスクを考えれば、こうした「守りの予算」になるのは必然かもしれません。そうなると、よく知っている既存顧客が前年もその前の年も発注してくれた商材と発注数となりますから、手堅い数字になります。それを守るのはアカウントセールスと呼ばれる営業で、この営業が自社と顧客を結ぶ唯一のインターフェースとして顧客を守っています。

一方、現代は情報の時代です。インターネットの普及は情報へのアクセスを劇的に変えてしまいました。

販売するベンダー側はあいかわらずアカウントセールスだけが顧客との唯一のインターフェースですが、購買側には多くのインターフェースが存在します。多くのベンダーからメールマガジン、セミナーや展示会への出展告知がたくさん来ているはずですし、ウェビナーや、動画、FAQ、チャットボットがあります。リアルの展示会やセミナー、競合企業の営業の訪問、郵送されるカタログもあります。外資系企業などのマーケティングが得意なベンダーなら、ＡＩ（人工知能）に課題を聞かせて分析しているかもしれません。

この状況を俯瞰《ふかん》的に見ると、販売側は昔ながらの人間を唯一のインターフェースにしているのに対して、購買側は多くのオンライン・オフラインのインターフェースで複数の企業から情報を収集していることになります。この結果、顧客は営業にコンタクトするときには選定作業の70％は済ませているという現状になるのです。

既存の顧客を失ったときの営業マネジャーの言葉に「空中戦でやられた」というものがあります。これは人間以外のインターフェースにやられたことを意味します。営業が訪問したときには自社製品が競合製品にリプレースされていたり、既に競合と契約したりしているケースです。

私はどんなに優秀なアカウントセールスチームを持っていても、人間だけで既存顧客を守ることはほとんど不可能だと考えています。

コラム 2

マイレージプログラム誕生の背景にＬＴＶ

ＡＢＭに最初に注目したアナリストファームは米国東海岸に本拠を置くITSMAです。２０２１年にロンドンのＡＢＭコンサルティングファーム、モメンタム（Momentum）に買収され、今はMomentum ITSMAとなっています。

ITSMAが買収される前にＡＢＭの年表を作成しており、その最初は１９９３年にドン・ペパーズ氏とマーサ・ロジャーズ氏が書いた『The One to One Future』という書籍となっています。この本は日本でも１９９５年に『ONEtoONEマーケティング：顧客リレーションシップ戦略』（ダイヤモンド社）として発行されベストセラーになりました。

この本の中で一つの章を割いて提唱された考え方がＬＴＶ（Life Time Value）です。

ＬＴＶは「顧客生涯価値」と訳されることが多いのですが、これはシェアの概念を根底から変えるものでした。それまでのシェアは文字通り「市場占有率」ですから、例えば１９９２年にある県で排気量２０００ＣＣ以上のセダンタイプの自動車が60万台売れたとして、そのうち30万台がトヨタ製であればトヨタのシェアは50％というものでした。メーカーはカーディーラーと力を合わせて、このシェアを拡大しようと奮闘します。メーカーは全国ネットのテレビや全国紙に広告を打ち、ディーラーは地方紙の広告や新聞の折り込みチラシ、地方FMラジオなどで広告を流し期間中の試乗会に動員するというプロモーションを仕掛けてシェアを競っていました。

しかしLTVは、一人の人間が生まれてから亡くなるまでに購入する車のシェアを競うものです。これを獲得しようと思えばテレビやラジオなどのマスメディアではなく、顧客データベースに基づいたダイレクトコミュニケーションが必要になります。なぜなら、ゴルフをする人はゴルフバッグの収納力を選定基準にしますし、大型犬を飼っている人はそのケージが入るかどうかを、家族でスキーを楽しむ人は雪道を安全に走ることをそれぞれ優先して選ぶからです。

趣味、家族構成、所得などの条件を加味してコミュニケーションしなければ、LTVは獲得できません。使うチャネルはDMや電話、電子メールなどのダイレクトメディアで、インフラとして詳細な顧客データベースが必要になります。

このLTVの考え方は、CRMソリューションの普及に大きな役割を果たしました。

顧客データ管理の成功の代表的事例では航空会社のマイレージプログラムがあるでしょう。飛行機に乗って移動したマイル数をポイントで付与されて、それがたまると航空チケットやホテルに使えます。これはマーケティング的にいえばフリークエント・ショッパーズ・プログラム（FSP）と呼ばれます。顧客を分析する代表的な手法にRFM分析というものがあり、これは最後に購入した時を見るリーセンシー（Recency）、購入回数を見るフリークエンシー（Frequency）、購入金額を見るマネタリー（Monetary）を組み合わせて分析しますが、マイレージはこの中のフリークエンシーだけを使ったプログラムです。

1970年代後半に米国のアメリカン航空が自社の売り上げの構成を調査しました。調査を請け負ったコンサルティングファームからのレポートは驚くべきものでした。そのポイントは次の二つです。

・上位十数％の顧客で利益の80％を稼いでいる、というパレートの法則が当てはまる
・その利益をもたらす上位十数％の顧客が誰なのか分からない

ビジネスパーソンが出張する場合、購入するのは企業であり、企業が契約している旅行会社です。個人の旅行でも多くは旅行会社を通して購入していたので、誰が毎月海外出張する大切な顧客なのか、誰が夫婦で年に数回ビジネスクラスを使って旅行する顧客なのか、などの情報を航空会社は持っていなかったのです。

この事実は「競合に奪われたら倒産に直結する大切な顧客」が誰か分からず、守りようがないことを意味します。アメリカン航空の幹部はその事実に驚愕したのです。そこで、誰が大切にすべき顧客かを把握する方法を検討し、どういう経路でチケットを購入しようが、発券された個人に飛んだマイルに応じてポイントを付与することにしたのです。

「アメリカン航空アドバンテージ・プログラム」と名付けたこのマイレージプログラムは大成功を収め、多くの会員を獲得すると共に10％もの売り上げ向上をもたらしました。当時はビジネスモデル

特許の制度がなかったので、たちまち世界中の航空会社が取り入れ、競合優位性を維持できませんでした。

この成功は「重要な顧客を大切に扱う」という単純なことの実行によってもたらされました。具体的に言うなら、年間1千万人の利用客を持つ航空会社が顧客感謝プログラムに10億円の予算を確保した場合、以前なら全員を平等に扱うしかなかったので1人当たり百円の予算になり、ロゴ入りの記念ボールペンを全員に配布するくらいしかできません。しかしマイレージプログラムがあれば、誰が重要な顧客か分かります。利益の80％をもたらしてくれる上位10％の顧客に10億円の予算のうち8億円を割り当てることで、より効果的に重要顧客の満足度を向上できるのです。

顧客データベースを活用して大切にすべき重要顧客を把握し、そこに十分な経営資源を割り当てる。これがLTV獲得の基本的な考え方であり、このLTVを法人向けに応用したものがABMだと言われています。

コラム
3

RevOpsはABMエフェクトの産物

2014年からの10年間で米国のBtoBマーケティングカンファレンスで最も耳にしたキーワードの一つが「アラインメント（Alignment：連携）」でした。当時世界のBtoBマーケティングを理論的にけん引していたシリウスディシジョンズ（SiriusDecisions）の創業者、ジョン・ネーサン氏があるイベントの講演で「最も重要なことはアラインメントなのです」と語り、もし「マーケティング部門」と「セールス部門」と「ものづくり部門」がしっかりアラインメントされたら、15%早く成長し、19%利益が上昇するというリサーチ結果を発表したのを覚えています。

後にこのアラインメントは、社内の3部門だけではなく、グローバル企業における本社と各リージョン本社、各リージョン本社と各国の現地法人という形でも説明されました。米国本社とシンガポールに置かれたAPAC（アジアパシフィック）本社、そしてAPAC本社と日本支社という連携です。同じデータを見て、言葉やプロセスの定義をそろえ、人とプロセスとシステムを稼働させることで最大収益を上げようという試みでした。実は通常のビジネスやGTM（Go To Market：市場進出）、あるいはデマンドジェネレーションならこれで強い競争力を生み出すことが可能なのです。しかしABM

はさらに高度な連携を求めます。それはＡＢＭで定義されるターゲットが多くの場合既存顧客であり、どの企業にとっても何よりも大切な存在である既存の上位顧客だからこそ、社内の連携が必須であるからです。

しかし現実はアラインメントという言葉とは裏腹に、マーケティング部門はＭＡ、ＣＤＰ（Customer Data Platform：顧客データ基盤）、ＤＭＰ（Data Management Platform：データ管理基盤）、ＣＭＳ（Contents Management System：コンテンツ管理システム）、ＢＩ（Business Intelligence：ビジネスデータ分析ツール）などを導入してオペレーションを複雑化し、セールス部門もＳＦＡだけでなく、イネーブルメントやフォーキャスティング、ＰＲＭなどを導入してセールスオペレーションを強化し、カスタマーサクセス部門もＣＲＭだけでなく、ライセンス管理ソリューションや、ＦＡＱ、チャットボットなどを導入してオペレーションを強化しました。アラインメントとは真逆のサイロ化が進行してしまったのです。またそれぞれのテクノロジーが複雑化し、さらにほとんどがクラウドアプリケーションであったため、システム間の連携がより難しくなってきました。

これはＡＢＭを実践しようとした場合に致命的です。特に顧客のデータはその3部門のシステムすべてに入っているため、統合しなければ顧客からのシグナルを見過ごして競合に顧客を奪われることになりかねません。

ＡＢＭをマーケティング戦略の柱に据えたときにこれが問題になりました。ＡＢＭのオピニオンリーダーの1人であり、マルケトの創業メンバーで同社のＣＭＯを務めたジョン・ミラー氏は次のように訴えました。

“Account Based Everything!”

これは企業活動すべてをＡＢＭにフォーカスしなければ成功しない、というメッセージであり、ＡＢＭは戦術ではなく戦略であるということを示唆している言葉です。

こうしてＡＢＭへの取り組みをきっかけに「Alignment：連携」から「RevOps：統合」へと進化を遂げたのです。

考えてみればマーケティングもセールスもカスタマーサクセスも「売り上げ（Revenue）」を稼ぐための組織です。ならば、オペレーションごとシステムも統合しようではないか、というのが数年前から欧米で導入されるようになった「RevOps（Revenue Operation）」であり、その管掌としてのＣＲＯ（最高収益責任者）というポジションです。

日本でも２０２４年に、私の友人でもある川上エリカ氏、丸井達郎氏、廣崎依久氏が『レベニューオペレーション（RevOps）の教科書』（翔泳社）という本を書いてベストセラーになりました。これをきっかけに、この言葉が日本でも流行しています。マーケティングもカスタマーサクセスも目的ではありません。売り上げを稼ぐ手段なのです。サイロを統合し、ターゲット企業の一人ではなくバイヤーグループ全体を囲い込まなければなりません。

だからRevOpsなのです。

第 2 章

ABMを正しく理解する

第2章では、ABMの定義や歴史などを学びます。私は、概念やフレームワークを本質的に理解するには歴史を知ることが大切だと考えています。それが生まれた背景、状況、そして必然性や進化の過程などをたどっていくと、本質的な価値が見えてくるものなのです。

2-1

ＡＢＭの定義を改める

私は２０１６年に上梓した『究極のＢtoＢマーケティング ＡＢＭ』の中でＡＢＭを次の通り定義しました。

■ 従来の定義 ＡＢＭとは

全社の顧客情報を統合し、マーケティングと営業の連携によって、定義されたターゲットアカウントからの売り上げ最大化を目指す戦略的マーケティング

これは当時、ＡＢＭを研究していた米国と欧州のＢtoＢマーケティングのオピニオンリーダーたちと話をしていたときに、４人の中の私を含めた3人がＡＢＭの本を書いていたことが分かり、そろそろ定義を決めようと話し合ってまとめたものでした。

本書でＡＢＭを以下のように再定義します。

新しい定義　ＡＢＭとは

特定の重要顧客と最良の関係を築くことで、強い顧客基盤を構築し、収益を最大化することを目的にした全社的なマーケティング戦略

本質的には同じですが、表現を大きく変更しました。再定義した理由は、従来の定義をしてから9年が経過し、世界でも日本でも、ＡＢＭは全社戦略であり、単に営業とマーケティングの連携では実現できないことが証明されたからです。そのために「全社的なマーケティング戦略」という表現を用いました。

またターゲットアカウントが、ワン・トゥ・ワン（1社）からワン・トゥ・フュー（2～30社）、ワン・トゥ・メニー（31社～）にまで広がり、ターゲットアカウントという1社を想起させる言葉が合わなくなったことも再定義した理由の一つです。新しい定義では、ターゲットアカウントではなく「特定の重要顧客」としています。なお本書では以降もターゲットアカウントという言葉を使いますが、1社に限らず、複数、多数の意味を持ちます。

「収益を最大化することを目的にした」としたのは、ＡＢＭが実は極めて理にかなった高収益を実現する戦略だからです。

営業利益とは売上高から原価と経費を引いたものです。経費の中の大きな項目に営業に関わる項目があります。「営業部門の人件費」「営業所や営業車の維持管理費」「宣伝広告費」などです。実はこ

れらは「売上高」でも「利益」でもなく「顧客数」に比例します。顧客を増やすということは自らを巨大化させなければならないのです。

現代は、数や量ではなく生産性を競う時代です。社員の数を自慢する経営者や、売上高を評価するアナリストが減り、営業利益やそれを生み出す営業生産性、成長性を評価する時代になりました。多くの社員を抱え、天文学的な売上高を持っていても、利益率や成長率が低い企業の株式時価総額は驚くほど低いものです。

ＡＢＭは高収益を実現する戦略でもあるのです。

第２章

ＡＢＭを正しく理解する

2-2

ABMの3つの種類

既存顧客か新規顧客か

ABMの定義の中には昔も今も「既存」という文字はありません。ABMは既存顧客に限定したものではないからです。しかし現実を見ると、日本でも世界でも成功している事例の多くは既存顧客をターゲットアカウントにしています。その理由は「データ」と「コンテンツ」です。

付き合いの長い既存顧客であれば、顧客企業に所属する多くの個人情報が社内に存在します。多くは名刺交換によって獲得した個人情報ですから、オプトインと見なしてよいデータです。自社も大企業、顧客も大企業というケースでは、そのような個人情報が数百人分になることも珍しくありません。このデータを分析し活用するのがABMです。

コンテンツは、この顧客を担当している営業チームの協力が不可欠です。同じ業界ならどの企業にも当てはまるようなコンテンツではなく、極力そのターゲット企業の今の状況・状態に合わせた特別なコンテンツをつくってコミュニケーションしたいのです。そうしたコンテンツを制作するための情報は、長くその企業を担当した営業が持っています。

もしABMのターゲットがまだ取引のない企業だとするならば、このデータがなく、コンテンツの情報源である担当営業がいない中でマーケティングを計画・実施しなくてはなりません。暗闇の中を手探りで全力疾走するようなもので、とても難しいだけでなく、時間とリソースがかかってしまいます。

また米国のように個人情報に関する法規制が比較的緩い国では、自社で収集し、パーミッションを取ったファーストパーティーデータ、パブリッシャーや信頼できるパートナー企業が保有するセカンドパーティーデータ、そして外部のデータ提供会社や広告系企業などが収集し提供するサードパーティーデータの3種類を混ぜ合わせて、向かう方向や意思（インテント）を類推することができますから、ABMのターゲットにいまだ取引のない新規企業を設定することが可能です。しかし日本では、個人情報の購入は法的な難易度が高く、米国と同様の手法は使えません。これは欧米のインテントデータソリューションの企業が日本市場に来ない理由の一つです。

ターゲットアカウントの数

前述の通り、ABMのターゲットアカウントの数はワン・トゥ・ワン（1社）からワン・トゥ・フュー（2〜30社）、ワン・トゥ・メニー（31社〜）にまで広がっています。それぞれABMの手法が異なります。

ワン・トゥ・ワン（1社）

ターゲットを1社に絞ってスタートする手法で、ＡＢＭを実施するときにパイロットプランとして多く使われます。1社を選び、徹底的にその企業の状態やペイン、自社との人的交流などを調べ上げてスタートします。

特にターゲットアカウントの部署ごとのカバーやその部署内のキーパーソンを誰がカバーしてどんな頻度でコミュニケーションしているのか、などを徹底的にマッピングするワークショップを繰り返します。それゆえ、その過程で営業のつるし上げのような状況になることもあります。会わなければならないと分かっているキーパーソンだからといって、会えているわけではないからです。

エンジニアと会わなければいけないのに、購買部門ばかりに行っている。設計センターには頻繁に足を運んでいるが、素材選定に力を持つ研究開発センターには行っていない。情報システム部門のキーパーソンはグリップしているが、社内ユーザー部門にはほとんどパスがない。こうしたことが判明してしまうのです。

「なんで研究開発センターの○○さんには誰もコンタクトしていないのですか？」

「会えるのなら会っていますよ！」

このようなけんか腰のやり取りになるワークショップを海外で何度も見ています。ミーティングを仕切るファシリテーターのスキルが問われるのです。

これは粒度の問題でもあるのですが、1社に絞って徹底的に細かい粒度でビジネスチャンスを検証するのは当事者のストレスはともかく、新しい発見があるものです。ファシリテーション能力に自信があるならやってみるのもよいかもしれません。

ABMを最初に提唱したアナリストファームITSMA（現在のMomentum ITSMA）がこのワン・トゥ・ワンを推奨していたこともあって、当初は多く見られました。しかし今ではパイロットでもワン・トゥ・フューが増えた気がします。それは1社に絞って、もしうまくいかなかった場合、何のデータも取れずにプロジェクトが終了してしまう、というリスクを回避するためです。1社なら成功するかしないかの「ゼロサム」になってしまい、担当者にとってはかなり胃の痛いプロジェクトになります。

ワン・トゥ・フュー（2〜30社）

パイロットプランでも本番でも最も多く使われるのがこのワン・トゥ・フューです。例えばパイロットプランで6社からスタートし、成功したら20社まで拡大する、というパターンです。

多くは既存顧客の中から最もポテンシャルのある企業を選んでスタートしますが、このときの選定がとても重要です。取引金額や、業界での規模やシェアの順位だけでは決められないからです。

シンフォニーマーケティングのカバレッジ分析のモデルも6社スタートを基本にしています。この場合の6社は、既存顧客の売り上げ上位6社ではありません。あくまでもICP（Ideal Customer Profile：理想的な顧客プロファイル）に最も近い6社を選定して行います。その企業の個人情報のカバレッジが商材とマッチしていることも重要な選定要素です。

人事給与システムを販売している企業が、タレントマネジメント機能を実装した人事プラットフォームを対象商材としてＡＢＭを展開するとします。既存のユーザー企業からターゲットを選定する際に、部署カバレッジが重要になります。

多くの場合、オペレーション系の人は新しいやり方を嫌います。せっかく覚えたシステムや手法を変えるのは大変だからです。既存システムのリプレースで最も抵抗するのはオペレーショナルユーザーなのです。

一方、新卒、年功序列、終身雇用といった今までの人事システムを抜本的に変えるという経営陣の意を受けて動いているのは経営企画やＤＸ（デジタル変革）推進の部署です。そうした部署は変革に必要なナレッジやシステムを模索しています。つまり、既存ユーザーであっても給与計算を主業務にしている人事部門や情報システム部門にアプローチしてもむしろマイナスなので、経営企画やＤＸ推進という部署の個人情報が多い企業を選定したほうが成功の確率は高まります。カバレッジ分析を重要視する理由はこれなのです。

ワン・トゥ・メニー（31社～）

私が今後日本で最も成功すると考えているのがワン・トゥ・メニーです。多い場合は３００社程度をターゲットにすることもあり、その場合はデマンドジェネレーションと似た構造になります。違いは、顧客とその状態を特定していることです。ターゲットアカウントは同じ条件を持つ複数の企業ということになりますから、具体的には同じ製品を購入し、それを拡張しようと考えている既存顧客というケースが多いのです。既存製品の機能を拡張するような商材を開発したときに使われる手法です。

製造業の工場は基本的には「ライン」と呼ばれる構造になっています。ラインは「搬送」と「ワーク」に分かれて、それぞれ多くの機械が並んでいます。機械の制御はそれぞれに制御盤がありましたが、一つの制御システムで複数の機械を制御できればそれだけ人の数を減らせます。Aという搬送機械を販売しているメーカーが、Aと一緒に他社のBというワークの機械も制御できるコントロールシステムを開発したとします。このターゲットは当然過去にAを導入した企業になります。それが累計で500台を120社の300事業所に納品していたとすれば、ターゲットはこの120社の300事業所になります。販売実績があれば、担当者の個人名も分かるでしょうし、販売した代理店も分かっていますから、不特定多数に展開するデマンドジェネレーションとは違ったカスタマイズされたコミュニケーションで提案することが可能になります。もちろんワン・トゥ・ワンやワン・トゥ・フューのような粒度ではありませんが、こうした場合はスピードが重要です。競合も同じようなコントロールシステムを開発したとしたら、一刻も早く導入してもらわないと競合に顧客を奪われることになるからです。

2-3

ＡＢＭは営業生産性を劇的に引き上げる

現代は数や量ではなく生産性を競う時代です、と書きました。ではＡＢＭが営業生産性をどう上げるのかを説明しましょう。

営業生産性をセールスパーソン1人当たりの売り上げ、として見てみましょう。

この会社は現在、１００人の営業体制で1千億円の売り上げをつくっています。営業生産性は「10億円／1人」です。

経営者が中期経営計画で3年後の売り上げを1千３００億円と書いたとします。これを読んだ営業本部長がやってきてこう言います。

「我が社の商材特徴からみて、営業生産性は1人当たり10億円が限界値です。1千３００億円の売り上げを実現するには営業が１３０人必要です。転退職を見越して40人の採用をお願いします」

■ 図表 2-1　売上目標の落とし穴と営業生産性

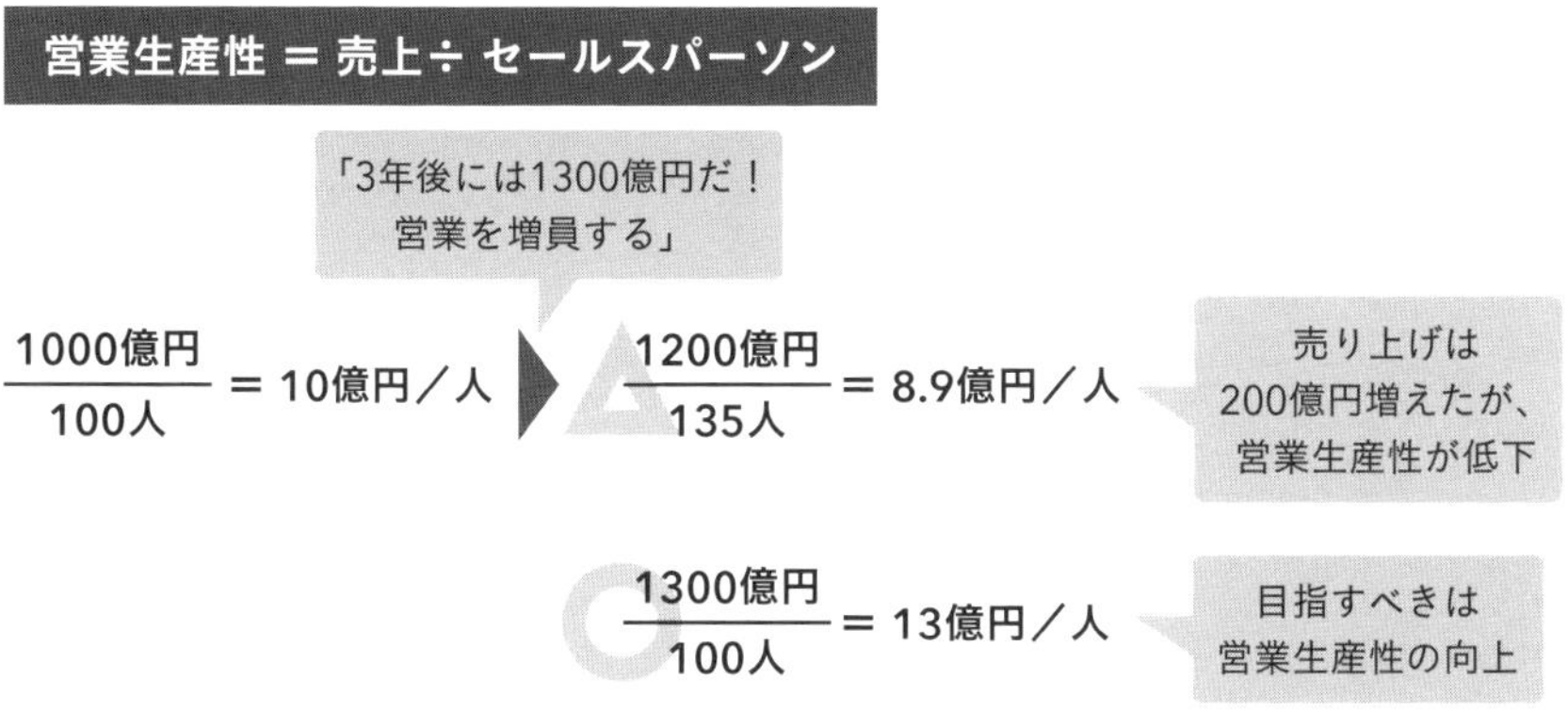
営業生産性 ＝ 売上÷セールスパーソン
「3年後には1300億円だ！
営業を増員する」
1000億円 / 100人 ＝ 10億円／人
1200億円 / 135人 ＝ 8.9億円／人
売り上げは
200億円増えたが、
営業生産性が低下
1300億円 / 100人 ＝ 13億円／人
目指すべきは
営業生産性の向上

この提案は理にかなっています。承認しなければ1千300億円の売り上げ目標は本気ではないと思われるかもしれませんから、営業職40人の採用を承認します。

そして3年がたちました。営業は予定通り40人増員し、思いのほか退職が少なかったので135人います。売り上げはみんなで頑張ったのですが、想定外の問題もあって結局1千200億円でした。売り上げは200億円増加しましたが、営業生産性で見れば「1人当たり8・9億円」で11％下がっています。経費は予定通りに増えますが、売り上げや利益はそうはいかないものなのです。

従業員を増やすと、オフィスを移転する、営業車を購入する、社会保険、採用コスト、研修費などで給与の2倍近いコストが発生し、しかも日本の労働基準法は欧米のように簡単に解雇することを許しません。売り上げ1千億円のときは黒字だったのに、1千200億円になったら赤字に転落しているかもしれません。

これは日本中の企業が過去に何度も経験していることなのです。

これに懲りた経営者が希望していることは、セールスパーソンは100人のままで売り上げを1千300億円にする、ということです。欠員補充はしますが増やすことはしません。営業所も営業車も増やしません。これを実現できれば営業生産性は「1人当たり13億円」となります。利益を確保できるし、給与を上げられます。優秀な営業が外資系企業に転職することも防げるでしょう。

しかし、こんなことを実現する方法があるのでしょうか?

実はこれも世界中のBtoB企業がABMを追求する理由なのです。顧客の数を増やさない、または収益性の高い顧客だけを残して顧客の数を減らし、売り上げを上げることができればこれが実現するのです。

ABMの最も大きな特徴は「フォーカスする顧客を選ぶ」という点です。ワン・トゥ・ワンなら1社に、ワン・トゥ・フューでも30社までに厳選します。そこがデマンドジェネレーションとの最大の違いなのです。

BtoB企業の受注に貢献するマーケティングの代表的なものはデマンドジェネレーションでしょう。デマンドセンターと呼ばれる専門組織が担当し、そのプラットフォームとしてMA(マーケティングオートメーション)が誕生して普及しました。このマーケティングのことを「ネット」と表現します。ネットとは定置網のことです。近代の漁業で最も効率のよいスタイルがこの定置網といわれています。海には魚の通り道があります。そこに定置網を仕掛けます。魚は網に沿って泳ぎ最後に先端の袋状の網に入ってもう出ることができません。漁師はその網を引き上げることで一度に大量の魚を捕ることができます。とても効率がよいのです。

ただ問題もあります。この方法は網を上げるまで、どんな種類の、どんなサイズの魚がどれくらい入っているのか分かりません。つまりこの方法では顧客を選ぶことが難しいということです。

これに対してＡＢＭは「スピア」と表現されます。スピアとは銛《もり》のことで、狙った種類の狙ったサイズの魚を銛で突くスタイルです。狙った種類の狙ったサイズとは、この第2章で説明するＩＣＰであり、それは収益を確保し長期的な関係を構築できる顧客です。ビジネスですから長期的に一方的に儲かることはありません。しかし、自社の価値を評価し求めてくれる顧客なら、付加価値を提供することで収益性を確保し長期的によい関係を構築できます。安さだけを求めている顧客に、品質を強調して少しでも高く買ってもらおうとしても無理な話なのです。

日本企業はすべての顧客に等しくよいサービスを提供しようとします。私も新卒で入った会社で上司から「お客様は神様と思え」と教えられました。

お客様は大切な存在ですが、神様ではありません。お互いに選ぶべき存在なのです。儲からないビジネスはやるべきではないし、赤字の顧客からは撤退すべきでしょう。昔は利益を稼いだのに今は利益が確保できない商材の多くは、顧客が価格を重視し、安い外国製品と比較して値下げを求めている商材です。

こうした顧客は、信頼する業者から購入する安心感と、外国企業並みの低コストの両方を求めている虫のいい相手です。受注すれば利益が上がっていた頃と同等の手厚いサービスを求められ、赤字を出しながらそれを提供しなくてはなりません。

自社を奈落の底に追い落とす存在が神様のはずがありません。

勝てない土俵で戦えば、負け続けて衰退していきます。コスト重視の顧客が待つ土俵で日本企業が新興国の企業に勝てるはずがないのです。勝てない土俵で大切なリソースをすり減らすから、重要な顧客に十分なリソースを確保できず、重要な社員の給与も上げられずに、最後は顧客も優秀な社員もすべてを失う羽目になります。

ＡＢＭはたくさんの小口顧客を獲得し、維持するマーケティングではありません。限定された大口の顧客との関係をさらに強化し、１社で購入していただく商材の種類を増やし、組み込んでもらう製品を増やし、多くの事業所の多くの部署で使ってもらうようにするマーケティング戦略なのです。既にアカウントセールスチームがついている顧客との取引金額が増大しても、営業人員を大幅に増員する必要はないでしょう。営業所や営業車も増やさずに済むはずです。だからＡＢＭは収益性の向上を実現しているのです。

第 2 章

ABMを正しく理解する

2-4

本当に大切な顧客にリソースをフォーカスする

“Don’t count the people that you reach, reach the people who count”
（あなたがリーチできる人を数えるのではなく、本当に大切な人にリーチしなさい）

これはＡＢＭが流行《はや》り始めた２０１４年頃に多くのプレゼン資料に引用されたデビッド・オグルヴィ氏の言葉です（筆者訳）。

オグルヴィ氏は大手広告代理店オグルヴィ＆メイザー（Ogilvy & Mather）の創業者であり、世界で最も成功したコピーライターの一人でもあります。もちろん広告の人ですから基本的にＢｔｏＣで活躍した人であり、ＡＢＭが提唱される前の１９９９年に亡くなったのですが、彼のこの言葉がＡＢＭの要点を的確に表しているからこそ多く引用されたのです。

では「本当に大切な人、企業」とは何でしょう。それは自社の価値を求めてくれる顧客です。自社の製品や技術、サービスなどが顧客の課題を解決し、最大のメリットを感じる顧客です。そうした顧客をＩＣＰと呼びます。大切にすべきはこの顧客なのです。

近年の米国のソフトウエア企業などでは、このＡＢＭを極端な形で実施するケースが出てきました。大規模なリストラで営業やカスタマーサポートを半分以下にしたうえで、残ったリソースを上位20％の重要顧客に重点的に再配置するのです。利益をもたらしてくれる上位顧客には従来より手厚いサービスを提供しますが、それ以外はおおむね放置しますから、上位20％の重要顧客に分類されなかった既存顧客からは不満が出ます。しかし仮にそれらの既存顧客を解約によって失ったとしても、利益への影響は軽微であるばかりか、リストラの結果、従業員の数は大幅に減っていますから、会社に残って重要顧客を担当する営業やカスタマーサクセスの給与は大きくアップされます。給与や雇用条件を引き上げれば従業員満足度は向上しますから、彼らがよりよいサービスを重要顧客に提供することになり、大切な顧客のグリップはさらに強くなります。

普及が一巡し、イノベーションが鈍化した分野ではこうした戦略を採用する企業が今後も増えるかもしれません。

日本企業はすべての顧客に平等によいサービスを提供しようとする傾向があり、顧客を区別することには心理的な抵抗を感じるものです。しかし経済合理性を考えれば、重要顧客にそれに見合った経営資源を割り当てるのはまさに「成果が出る」戦略なのです。私が日本企業に合ったＡＢＭを模索し続けている理由でもあります。

では日本の企業文化に合ったＡＢＭとはどんなものでしょうか。例えば今は１００人のセールスパーソンが１００社の顧客を売り上げや利益に関係なく均等に担当していたとします。上記の米国のソフトウエア企業が選択した戦略なら、社員を60人リストラして、残った40人に上位の20社を守らせます。重要顧客からすれば従来の倍の人員でサービスしてくれるので大満足ですが、他の80社は放置されますからいずれ離脱するでしょう。

これを日本に合ったＡＢＭで引き直せば、１００人のセールスパーソンを自然減や配置転換で80人にします。その中の特に優秀な40人に上位の20社を守らせ、残りの40人に80社を守らせます。80社を守る人たちは生産性を思い切り上げる必要がありますが、オペレーションで生産性を最大化するのは日本企業のお家芸です。ＡＩの活用も助けてくれるでしょう。

日本企業の良さを残しながらも重要な顧客を選別し、それにふさわしいリソースを割り当て、担当営業だけでなく、デジタルも駆使して全社戦略としてＡＢＭに取り組むことはこれからますます重要になるでしょう。

第２章

ＡＢＭを正しく理解する

2-5

ＡＢＭの２つの起源と歴史

２０１０年頃から米国で時々耳にするようになったＡＢＭは当時は「また新しいバズワードだろう？」という存在でした。実は私もそう考えていた一人です。その頃、ＡＢＭを揶揄《やゆ》する言葉に次のものがありました。

“Nothing New, Nothing Big”「ＡＢＭって何も新しくないし何もビッグアイデアがないよね」

新しくないと見えた理由は、営業サイドで昔から既存の大口顧客に対する工夫をしていたからです。それは次のように呼ばれました。

キーアカウント・セールス・プログラム
カスタマー・セントリックス・マーケティング
カスタマー・インテンション・マーケティング

そもそも1980年代から普及しているCRMは顧客関係管理（Customer Relationship Management）ですから、顧客との関係をしっかり管理するという試みの一つだったのです。では何が違うのかといえば、文字通りABMはマーケティングではなく営業かカスタマーサクセスが担当していました。

今までは、既存の大口顧客はマーケティングではなく営業かカスタマーサクセスが担当していました。既存顧客ですから取引があります。CRMで管理する「関係」とは実質的には購買履歴でした。BtoCであれば、個人か世帯ということになりますから、購買履歴を管理すればその顧客を管理していることになるでしょう。しかし企業には多くの事業所があり、部署があり、その中に多くのキーパーソンがいます。ある製品の購買履歴だけでは、その顧客全体を管理できないのです。

2000年代に入ってからBtoBマーケティングにはMAをはじめとしたテクノロジー革命が起こります。インターネットとつながったMAなどを活用することで、ターゲットの行動履歴をトレースでき、そこからどの顧客がどんな課題を抱え、それを解決するためにどんな情報を収集しているのかを類推できるようになりました。これを新規顧客の開拓だけでなく既存顧客にも応用する動きが出てきたのです。これがABMでした。

歴史をたどると、ABMには2つの起源が存在します。それを解説しましょう。

歴史的必然性

米国のBtoB企業のCMO（チーフ・マーケティング・オフィサー）やシニアマーケティングマネジャーの平均在任期間は10年前に2年を割り込み、2023年のデータでは23カ月を切っています。その退任理由の70%は解雇です。米国の厳しい一面なのですが、それは進化ももたらします。

　BtoBマーケティングの評価指標を教科書的にいえばROMI（リターン・オン・マーケティング・インベストメント）ですが、実際はMQL（マーケティング活動によってつくられた案件）からのアクセプト率とその実数で評価されることが多いのです。つまりパイプラインにどれだけよい案件を入れたかで評価されます。

　私の友人で米国でも有名なBtoBマーケティングのオピニオンリーダーがいます。彼があるカンファレンスで登壇したとき、次のように話して大きな拍手をもらっていました。

「もう屁理屈《へりくつ》はいいから、営業のスケジュールをよいアポイントで埋めよう。我々がやるべきことはそれだけだ」

マーケティングが自らを守る唯一の道は受注に貢献することなのです。

　そして、各社のマーケティングチームが必死で試行錯誤する中で、やはり既存の顧客からのMQLと、新規のMQLでは全くアクセプト率が違うという事実が顕著になってきました。営業は自分が担当している顧客のアポなら当然最優先で追ってくれます。すると案件化率が高くなります。逆に知らない会社、行ったことのない会社だと腰が重くなります。

　そこで、マーケティング部門が顧客企業のコンタクトポイントをあの手この手で収集し、そこからMQLを供給したところ、アクセプト率も案件化率も向上し、営業からの評価も上がるという現象が起こりました。

そうなるとマーケティングチームも味をしめますから、もうマーケティングの対象をターゲットアカウントだけに絞らせてくれ、既存顧客だけにマーケティングさせてほしい、と言いだして、これがＡＢＭというマーケティング戦略に進化しました。

これは米国で２０１０年以降に実際に起きたことで、私はリアルでその過程を見ていました。これが一つのルーツです。

LTV for BtoB

もう一つのルーツは「LTV for BtoB」というものです。前述したように、ITSMA（現在はMomentum-ITSMA）は２００３年に世界で最初に「ＡＢＭ」を定義し、研究レポートを書いた会社で、ＡＢＭの年表をつくっています。それによると、ＡＢＭの起源は１９９３年にドン・ペパーズ氏とマーサ・ロジャーズ氏が著した『The One to One Future』としています。

この本はデータベースマーケティングの可能性を書いて世界的なベストセラーになった本です。ＣＲＭを中心にした顧客管理とコミュニケーションについて書かれた本で、基本はＢｔｏＣのことしか書いていません。ではなぜこの本がＡＢＭの起源なのかといえば、この本の中でまるまる1章を使って解説しているＬＴＶ（Life Time Value：顧客生涯価値）の法人版がＡＢＭだとしています。

実はドンとマーサのコンビはその４年後に『Enterprise One to One』（邦題『ワン・トゥ・ワン企業戦略』）という本を書いています。『The One to One Future』の後、これを自社のマーケティング戦略に取り入れようとしたＢｔｏＢ企業への取材を中心に書かれたこの本は、ＡＢＭという言葉こそ使っていませんが、明らかにＡＢＭについて書かれた世界最初の本でしょう。この中でドンとマーサはOne to One for Enterprise の要諦をこう書き記しています。

「ある製品を買う顧客をできるだけたくさん見つけることではなく、ある顧客のために、できるだけたくさんの製品を見つけることである」

まさにＡＢＭの定義である「ターゲットアカウントからの売り上げ最大化を目指す戦略的マーケティング」そのものです。

2-6

ＡＢＭに適さない企業

ＡＢＭはすべての企業に適したマーケティング戦略ではありません。適さない企業も多く存在します。それを説明しましょう。

よく次のような質問をいただきます。

「自分の会社は規模が小さいのでＡＢＭは向いていませんよね?」

この認識は間違いです。自社の規模は問題ではなく、狙うターゲット企業のサイズが問題なのです。

もしターゲット市場が中小零細企業であればＡＢＭには向いていません。その理由は、中小企業は多くの場合、意思決定者は1～2人です。従業員40人の製造業の場合、社長と息子の専務以外はオペレーションをする人で意思決定には関わらないことが多いのです。そうなるとこの1～2人をしっかりグリップしていればよいので「アカウントベースドセールス」となります。マーケティングと営業が連携する必要はありません。

ABMはあくまで規模の大きな企業をターゲットにするときに使う戦略です。各部門や事業所（工場）、事業部などに意思決定に関わる人が複数存在し、専門分野や金額によってディシジョンツリーが複雑になる企業です。

例えばシステムインテグレーターは顧客のグリップが強いと信じられています。顧客企業の業務システムを構築し、その維持やメンテナンスのために多くの社員を顧客企業に常駐させています。これ以上の深い関係はないと思われています。しかし、実はグリップしているのは情報システム部門だけの場合が多いのです。

企業が初めて業務システムを導入するときは社内ユーザーは経験がありませんから、情報システム部門とシステムインテグレーターに依存します。しかし2回目や3回目のリプレースになると、日々使っている業務部門のほうがはるかに理解が深くなります。にもかかわらずシステムインテグレーターは社員が常駐しているのだから、と安心しています。ここをクラウドベースのアプリケーションベンダーに狙われるとひとたまりもありません。

常駐しているシステムインテグレーターと情報システム部門の人がユーザー部門に行って、

「そろそろ人事給与システムのリプレースのタイミングなので、要件定義のミーティングをセットしたいのですが」

と言うと、

「ああ、もう次は決まっているのでセキュリティーチェックだけお願いします」

と言われます。蓋を開けてみればもう半年前から決まっていたということが少なくないのです。

自社の規模は関係ないと書きましたが、商材の数は大切なポイントです。もし自社がクロスセルやアップセルの商材を持っていないならABMは適していません。

例えば会計システムは原則的に企業ごとに一つしか入りません。そのリプレースは5～7年周期です。もしその会社が会計システムのパッケージしか商材を持っていないのなら、5年間は商談のチャンスはありませんからABMは意味がありません。ABMはターゲット顧客からの売り上げ最大化を狙うマーケティング戦略です。売りものがないなら実現しようがないのです。

クロスセルとアップセルについては1-5で説明しました。企業によって定義が揺れることが多いので、改めてここで定義しましょう。基本的にはどちらも顧客との取引額を大きくすることを目的とした販売手法です。

クロスセルは、販売する商材と関連した製品やサービスをお勧めすることで、顧客への売上増を目指します。工作機械メーカーが機械を複数台導入いただいている顧客に、複数の機械を1台で制御できるコントローラーを販売したり、CTスキャンなどの医療機器メーカーが医療機関に対して機器のダウンタイムを最小に抑えることを目的に機器の遠隔監視サービスを販売したりするのはクロスセルになります。ソフトウエアメーカーが顧客向けに自社製品のトレーニングを有償販売するのもクロスセルです。

これに対してアップセルは、基本的により高価格なものへの乗り換えを勧めます。人事給与システムのメーカーが、高機能、高単価の新バージョンを販売するのはアップセルです。また、ある工場の品質管理センターに納入した検査機器を、同じ顧客の他の工場や、物流センターにも導入してもらうように働き掛けるのもアップセルです。さらに、3カ月単位で更新しているアドバイザリーサービスを3年契約にすることで顧客から見たら月々の支払いをコストダウンする長期契約にスイッチするのもアップセルです。

前述の通り、私はＡＢＭを以下のように再定義しました。

特定の重要顧客と最良の関係を築くことで、強い顧客基盤を構築し、収益を最大化することを目的にした、全社的なマーケティング戦略

最良の関係を築くには、顧客に余剰在庫を持たせるのはいいことではありません。顧客の生産性を引き上げ、顧客が利益が出るようにサポートするから最良の関係が築けるのです。私が、ＡＢＭではしつこいハードセルやコールドコールを使うべきではないと考えているのはこれが理由なのです。

2-7

ＩＣＰというとても大切で新しい言葉

ＩＣＰ（Ideal Customer Profile）は「理想的な顧客プロファイル」と訳され、ＡＢＭや、キャンペーン設計のターゲティングでよく使われる言葉です。欧米のマーケティングカンファレンスで4～5年前から急に耳にするようになった比較的新しいマーケティング用語で、オーソライズされた定義があるわけではありません。

「ペルソナ」が個人の趣味嗜好のレベルまで描き出したものであるのに対して、ＩＣＰは企業ですから、ペルソナのＢｔｏＢ版という説明もあれば、法人には趣味や嗜好はなく、経済合理性が求められるのでペルソナとは対極にある、という説明も存在します。販売している商材（プロダクト）が市場にフィットしているかどうかをチェックするＰＭＦ（プロダクト・マーケット・フィット）を考察するときの「マーケット（Ｍ：市場）」はこのＩＣＰだという説明もあります。

言葉の定義は定まっていなくとも、とても大切な概念であることは事実です。マーケティングを展開するときに、これを定義していなければ何も始まらないからです。

では、この言葉と以前から使われていた「ターゲットセグメント」や「ペルソナ」との違いを説明しましょう。

ターゲットセグメント

コトラー博士が提唱したＳＴＰで定義されたターゲット市場です。セグメンテーションで市場を細分化し、その中から狙うべき市場として定義されたものを指します。市場ですから、ＢｔｏＣであっても集団を指し「東京都内の金融業に勤務する30代」という表現になり、ＢｔｏＢでも「売り上げ２００億円以上の食品を扱う物流業」といった表現になります。

ペルソナ

ペルソナとはリードジェネレーションプランやコピーライティングなどのコミュニケーションの解像度を上げる目的で、典型的なターゲットの個人像を詳細に描いたものです。性別、年齢はもちろん、趣味や嗜好、職業、年収、既婚か未婚か、乗っている車などのライフスタイルまでを描きだします。

ICP（Ideal Customer Profile：理想的な顧客プロファイル）

ＩＣＰは製品やサービス、または事業全体にとって非常に親和性の高い理想的な顧客企業のプロファイルを架空で言語化したものです。

この言葉で特徴があるのは「Ideal＝理想的な」という部分です。これはただ規模的に魅力ある企業とか、現状の取引金額が多いとか、リードデータを豊富に保有しているとかではなく、自社の製品やサービス、あるいはその組み合わせによって最も効果的に課題を解決できるという意味での「理想的」なのです。

ですから、ここを探すのは単に過去の購買履歴データを見たり、企業の属性情報を比較したりするのではなく、もちろんＭＡ内のリードデータやその行動履歴を数えるだけでもなく、イマジネーション（想像力）を働かせる必要があります。

どの業種のどういう規模のどんな企業の中のどの部署で、こういう課題に直面している人が、このサービスを導入したら、こんなパフォーマンスが出る、という想像が必要なのです。私はＢｔｏＢマーケティングの魅力を表現する時に「科学と感性のバランス」と説明します。このＩＣＰはこの両方を駆使しないと探すことはできないのです。

例えばすぐに購入してくれそうな企業を探すなら「同じスペックで最も安い価格を提示する企業」となるでしょう。あるいは「最も早い納期で提案してくれる企業」かもしれません。しかしその企業が求める価値が「安い」「早い」だけであるなら取引が長く続くことはないでしょう。もっと安い価格を提示されればすぐにそちらに発注するからです。「理想的」とは永く続く関係を構築できるという意味でもあり、それを数値化すればＬＴＶを最大化できるということになります。そう考えれば企業の業種、業態、規模、財務などの属性情報はもちろん、その企業がどの事業に注力しているのか、近未来はどの分野に投資しようとしているのか、というデータを収集し、それを分析しなければなりません。

そうしたはっきりとした意思に基づいた行動履歴を「インテントデータ」と呼び、それを分析して未来の方向性を探ることを「プレディクティブアナリシス」と呼びます。LTVのBtoB版はABMであるなら、ABMで最も優先すべきターゲットはICPということになるのです。

そういう意味では、ICPを探る議論はBtoBマーケティングで最も大切で、かつ楽しいものの一つでしょう。

2-8

DoVとICP、そしてABMの関係

図表2-2はBtoBマーケティングの全体像を表しています。

これに似た概念に「R/STP/MM」があります。まず「リサーチ」があり、次に「STP（セグメンテーション、ターゲティング、ポジショニング）」、そして定義されたターゲットセグメントを基準にしてマーケティングミックスに進むというもので、最も普及したマーケティングのフレームワークの一つです。

私は実務家なので、リサーチはあくまで「仮説の検証」として活用しています。その仮説とは次の内容を徹底的に議論することだと考えています。

「自社の事業、または製品やサービスの顧客から見た価値」

ビジネススクールでよく見かける「バリュープロポジション」と似た概念ですが、ERP（エンタープ

■ 図表2-2　BtoBマーケティングの全体像

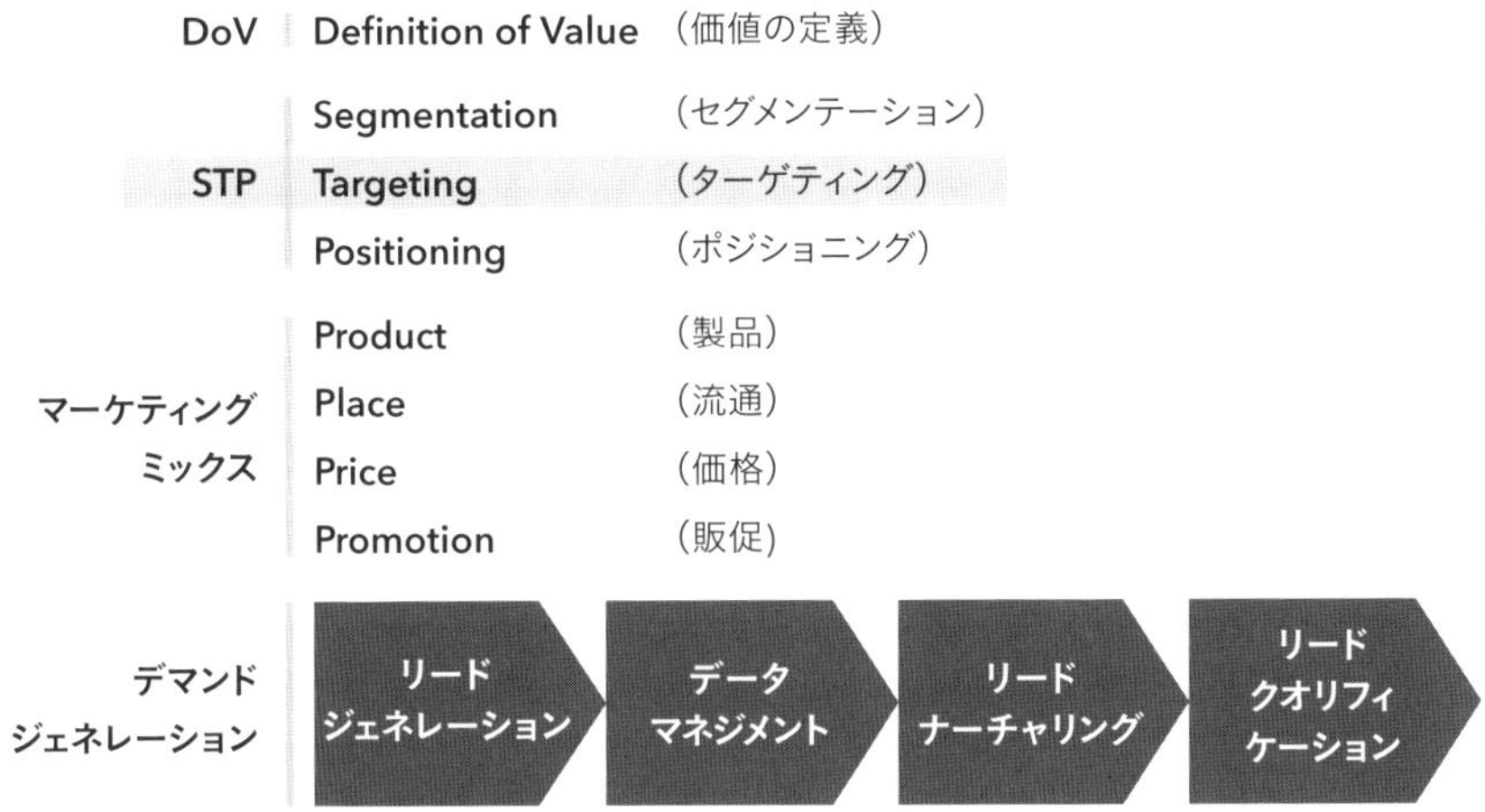

DoV	Definition of Value	（価値の定義）
STP	Segmentation	（セグメンテーション）
	Targeting	（ターゲティング）
	Positioning	（ポジショニング）
マーケティングミックス	Product	（製品）
	Place	（流通）
	Price	（価格）
	Promotion	（販促）
デマンドジェネレーション	リードジェネレーション → データマネジメント → リードナーチャリング → リードクオリフィケーション	

ライズ・リソース・プランニング）がそうであるように、概念だった言葉がいつの間にか手法やツールの呼称になってしまいました。そこでシンフォニーマーケティングではＤｏＶ（Definition of Value：価値の定義）という呼び方を使っています。

まずこれを徹底的に議論します。なぜなら、ＤｏＶとＩＣＰは鍵と鍵穴の関係にあるからです。１００以上の部屋があるマンションでも、自分の手に持っている鍵で開くドアは一つだけのはずです。自社の価値と最も高い親和性を持つ企業こそがＩＣＰなのです。

ＳＴＰの中の「Ｔ」つまりターゲティングで定義するターゲットセグメントとＩＣＰの違いは前の2-7で説明しました。実は日本企業はこのＳＴＰが苦手なのです。

ＳＴＰはマーケティングでは最初に学ぶ最も基本的なフレームワークで、もはやビジネスの一般用語と言ってもいいほどです。しかし私は、これほど広くあまねく知られていながら活用の難しいフレームはないのではないか、と考えています。

例えば、売り上げが期待を下回った製品やサービスの改善で顧客に呼ばれたミーティングで「これのターゲットセグメントはどこだったのですか？」と質問してもなかなか納得のいく答えが返ってこないのです。中には「これについてはSTPをしていないのです」という答えが返ってくることさえあります。このフレームワークを学んだ人が実施していないのです。その理由を尋ねるとこう説明されます。

「弊社は数え切れないほどの製品やサービスがあります。少ない開発チームやマーケティングチームのリソースではとてもSTPをできないのです」

STPをしていないので、ターゲットが絞れず、売れなくても手が打てないので結局は製造中止になって、研究開発費も在庫も設備も含めて特別損失として計上することを考えれば、あらゆる意味でSTPをすべきなのですが、していません。

図表2-2で示す通り、STPで定義するターゲットセグメント（市場）はマーケティングやセールス、販売チャネル構築、カスタマーサクセスなどのすべての「基準」になりますから、ここを定義をせずに販売を始めるのはとても恐ろしいことです。ところが現実を見れば、世の中にはまともにターゲット市場を定義していない製品やサービスがあふれています。

日本企業がSTPを使えない理由はほかにもあります。それは教え方がよくなかったのです。私も7年前から大学院でBtoBマーケティングを教えており、社会人大学院なので私のクラスを履修してくれる人の大半はSTPを知っています。ただそのセグメントの仕方は2次元なのです。東京商工リサーチなどの企業分類を使ったり、単純に売り上げや社員数で規模を分類したり、本社所在地のエリアで分類したりしています。実は私の経験ではこの分け方でターゲットを見つけることはとても難しいのです。

私はBtoBでは、3次元（3D）セグメンテーションを使うべきだと考えています。3次元とは「状態」のことです。

例えば会計システムであればリプレースのタイミングは5～7年といわれています。規模の大小に関わらず1社に1システムしか入りませんから、リプレースの1年前から情報収集が始まるとして、そこから契約するまでの6カ月から10カ月が、ビジネスチャンスがオープンな状態です。ここでアクセスできなければチャンスの扉は閉じて、5年後までは開きません。この情報収集を始めた状態が「ターゲットセグメント」なのです。

そのターゲットセグメントの中にICPも入っています。そしてICPの中に既存顧客も新規顧客も含まれていて、その中からABMのターゲットアカウントを絞り込まなくてはなりません。

新工場建設、倉庫の増設、工場の海外移転、設計システムのリプレース、産業用ロボット導入に伴う生産ラインの改修などマークすべき状態は多く存在します。それを見逃さないマーケティング設計がデマンドジェネレーションには必要ですし、ABMではターゲットが重要顧客になりますから絶対に見逃せないのです。

見逃さないためには、顧客が「その状態」になったら必ず来てくれる情報ライブラリーをつくっておくことが重要です。ＩＣＰなら必ず反応するコンテンツを忍ばせておくのです。

この作業は熟練した罠《わな》猟師のような思考回路を必要とします。私のとても好きなプロセスです。

第2章

ABMを正しく理解する

2-9

インテントデータが分断する世界

インテントデータとは「意思（インテント）のある行動解析データ」のことで、多くのインテントデータサービス会社はイスラエルの軍事系アナリティクス技術をルーツにしています。

ソリューションとは「課題解決」ですから、課題を持っている企業にしかビジネスチャンスはありません。課題を持ち、それを解決するために情報を収集している企業はどこなのか、が非常に重要になります。企業が困っているほど、早く解決したいと考えているほど、ビジネスチャンスは拡大します。

インテントデータも現在では、単純な「情報収集インテント」、購買に向けた具体的な行動を示す「トランザクショナルインテント」など、多くのカテゴリーに分かれています。基本は次の3種類のデータのコンバイン（統合）によって、その企業の方向性や、課題を解決しようとして情報収集しているといった意思を類推しようとするものです。

1 自社で収集し、パーミッションを取ったファーストパーティーデータ

2 パブリッシャーや信頼できるパートナー企業が保有するセカンドパーティーデータ
3 外部のデータ提供会社や広告系企業などが収集し提供するサードパーティーデータ

米国のように個人情報に関する法規制の考え方が異なる国では、これら3種類のデータを混ぜ合わせてインテントを探ります。

デマンドベース、バンボーラ、シックスセンス、ズームインフォ、ロールワークスなどの比較的社歴の長い企業から、インテンシファイ、アポロ、ファロスアイキュー、トレンデーモンなどの新興勢力まで様々です。これらの中には、数年前まで自らを「プレディクティブアナリティクス（未来予測）」というカテゴリーで呼んでいた企業もあり、その企業の方向性や投資分野などを高い確率で予測することを売りにしていました。そして、ＡＩテクノロジーを真っ先に実装したのも彼らなのです。

欧米、特に米国ではこのインテントデータを活用できるから、ＡＢＭのターゲットにまだ取引のない新規企業を選定することが可能です。しかし日本では個人情報の購入やコンバインは法的な難易度が高く、米国と同様の手法は使えないでしょう。

これは上記の欧米のインテントデータソリューション企業が日本市場に来ていない理由の一つです。ややこしい法律が存在し、さらに彼らのデータの重要な要素であるリンクトインがこれほど普及していない国では彼らのサービスを欧米と同様には提供できないのです。

シンフォニーマーケティングでは、クライアントがグローバル市場の拡大を考えているときはインテントデータを活用したプランを提案していますが、国内では限定的な使い方を提案しています。日本のエンタープライズ企業は保守的ですから、違法性を完全に排除できないと使えないのです。

このことは、日本やGDPR（一般データ保護規則）の規制を受ける欧州と米国との間で、マーケティング手法が大きく分断していくことを意味しています。つまりインテントデータを使える国と使えない国という分断です。ただ、欧州企業の多くが、ウェブサイトのトップにGDPRが求めるオプトインの仕組みをデフォルトで用意しています。ここで承諾した個人にはインテントソリューションを活用できます。米国が先行し、英国を先頭に欧州が追う世界のBtoBマーケティングのレースで、日本はさらに遅れてしまう危険があるのです。

第２章

ＡＢＭを正しく理解する

コラム
4

ABMとの衝撃的な出会い

私がABMの破壊力を始めて感じたのは2013年に米国で参加したカンファレンスでした。

実は、2008年頃から米国でちらほら聞くようになったこのABMを、私は当初懐疑的に見ていました。説明を聞いても何も新しさが感じられず、画期的なアイデアとも思えなかったからです。米国でも当初は多くの人が“ABM is Nothing new, Nothing big!”（ABMは何も新しくないし、ビッグアイデアもない）と言って、バズワード扱いする見方が大半だったのです。

それが間違った解釈だと確信したのは、2013年に米国のサンフランシスコで開催されたBtoBマーケティングカンファレンスで参加したケーススタディーセッションでした。

当時、米国のBtoBマーケティング界は次のような深刻なテーマを抱えていました。

「デマンドジェネレーションによって創出されたMQL（マーケティングによってつくられた案件）の50％は営業に無視されている、これをどう減らすか？」

営業がフォローしなければＳＡＬ（セールス・アクセプテッド・リード）になりようがありません。マーケティング部門の評価がＳＡＬの数だった場合、無視され続けるとマーケティング部門を待っているのは「解雇」です。米国のマーケターは自虐的なユーモアがあり、ＳＡＬの反対を「Ignore Rate（無視率）」と表現し「50％以上の営業の無視率をどう減らすか」というテーマで、セッションやパネルディスカッションが開かれていました。２０１３年当時は50％が解雇のしきい値だったのです。

その中で「Ignore Rate 0%!」というテーマに引かれて参加したケーススタディーセッションで、とあるグラフを見たのです。前年までのＳＡＬ率は62％で当時の平均を大きく超える良好な数値でしたが、当年は93％に跳ね上がったとのことです。

「こんな数値はあり得ない！」

こう思いました。さらに驚いたのは営業部門が受け入れたＳＡＬの中から、案件としてＳＦＡ（Sales Force Automation：案件管理システム）に登録された数字です。ＳＦＡでは、案件化してから受注・失注するまでのプロセスを透明なパイプラインの中を進んでいくように可視化しています。前年が40％、当年は65％にもなっていました。これも、一般的な米国企業と比較しても信じられないほど高い数値でした。

さらにそこからのクローズ（受注）が前年は20％、当年はなんと41％です。

セッション終了を待って私は講演者に質問しました。

「もっと詳しく話を聞かせてください。私の経験からこの数値はとても信じられません」

彼は私にこう説明してくれました。

「普通のデマンドジェネレーションだったらあり得ない数字だから驚いたと思うけど、これはＡＢＭなんだ」

私がＡＢＭへの偏見を捨てた瞬間でした。

その後、このケースも含めたＡＢＭの成功事例を調べると、ほとんどが営業の希望する既存顧客だけを対象にコミュニケーションし、スコアリングを実施していました。ならばアクセプト率が90％なのはある意味で当たり前です。結果的にそれで売り上げに貢献でき、営業との関係も良好になれば、立派なマーケティング施策です。

この「営業がフォローしたいと希望した企業だけをスコアリングする」という方法を、以前にシンフォニーマーケティングでも試したことを思い出しました。

あるクライアントで、営業部門がマーケティング活動を全く信用しておらず、ＭＱＬを出してもフォローの電話すらしてもらえずに困ったことがあり、その解決策として、営業担当者たちとの面談でこう伝えました。

「この企業のこの部署の人ならフォローする、という企業やその部署を教えてください。それだけを渡しますから」

このときはまだＡＢＭという言葉がなかった時代ですが、私たちは営業部門がフォローすると約束してくれた企業リストをスコアの最上位にしてコールリストを絞り込み、その結果とてもうまくいきました。自分の担当する顧客や、かねて狙っていた企業のターゲット部署のアポイントですから、営業がフォローしないはずがないのです。

しかしこの案件はマーケティング予算を出していた当時の経営企画室から、次のようなクレームが入り、あっけなく終了しました。

「当社が部門を新設してまでマーケティングに取り組んでいる理由は、営業が日ごろ行けていない新しい市場を開拓するためです。このリストは営業が日ごろ訪問している既存顧客企業ばかりで意味がないんですけど……」

私はサンフランシスコで、過去に中止になったその案件を思い出して、ＡＢＭの概念とその破壊力が腹にすっと落ちた気がしました。

コラム 5

4つのABX

言葉は生き物だといわれています。時代や環境によって変化し、意味を加え、中には時代をへて全く違う意味で使われる言葉も珍しくありません。そして「X」という文字はカードゲームでのワイルドカード的な役割を果たします。

BtoBマーケティングの世界にもそんな言葉があります。その典型の一つが「ABX」でしょう。2024年の時点で少なくとも4つの異なる意味を持つ略語として使われています。ですから米国や欧州で会話の相手が「ABX」と言ったらその「X」が何を指すのかを確認しないと会話を進められないのです。その4つの意味を説明しましょう。

一つめの「X」 エブリシング

最初は元マルケトのCMOでデマンドベース（Demandbase）のCMOを務めたジョン・ミラー氏が講演の中で“Account Based Everything”と言ったことから始まります。その意味は「ABMは戦術（タクティクス）ではなく戦略（ストラテジー）だから、ABMを基点にしてすべてを考えないとうまくいかないよ」という示唆に富んだ言葉でした。この言葉が一人歩きして、米国のカンファレンスなどでは、これを「ＡＢＸ」と表現し「大切なことはAccount Based Everythingだ」という人が出てきました。

二つめの「X」　トランスフォーメーション

次に出てきた「Ｘ」はトランスフォーメーションという意味で、これは明らかにＤＸ(デジタルトランスフォーメーション)から来ています。つまり、全社のマーケティングや営業施策をＡＢＭ戦略を柱に再構築しようという、組織設計の文脈で使われます。

三つめの「X」　インデックス

英国のマーケティングコンサルタントの間で使われ始めた「Ｘ」はインデックスの略です。インデックスは「指標」という意味で使われることが多いようです。ＡＢＭに取り組んだ企業の進捗を数値的に指標化しようという試みを「ＡＢＸ」と呼ぶ一派が、今でも存在します。ただ、いまだに普及してはいないので「ＡＢＸ」の使われ方としては最も少数派になります。

四つめの「X」　エクスペリエンス

そして今、最も使われている「Ｘ」は「エクスペリエンス(体験)」でしょう。これは「顧客体験」という文脈で使われるＣＸ(カスタマーエクスペリエンス)から来ています。BtoB Marketing Exchangeというパブリッシャーが主催するＢｔｏＢマーケティングのカンファレンスには、毎年シンフォニーマーケティングから丸山直子副社長が参加しており、彼女のレポートによれば、会場で使われていたＡＢＸの意味はほぼこの「アカウント・ベースド・エクスペリエンス」だったとのことです。今後、恐らくＡＢＸはアカウント・ベースド・エクスペリエンスに収れんしていくだろうと我々は予想しています。

第 3 章

日本で独自の進化を遂げるABM

第３章では、欧米とは異なる特性、企業文化を多く持った日本という土壌で、ABMがいかに根付き、発展していくかと、その独特のビジネスカルチャーとABMが起こす化学変化が日本とグローバルの関係をどう変えていくのかを解説します。私は日本はこのABMによって周回遅れから世界のトップランナーに躍り出ると言い続けています。

3-1

構成要素で見れば未来が見えてくる

私の解釈ではマーケティング戦略は経営戦略を実現するための最も重要なサブ戦略ですから、当然「経営戦略」に強い影響を受けます。その経営戦略がどの市場を重視し、その市場で自社のどの技術、製品、サービスを伸ばそうとしているかによって採用されるマーケティングは異なります。そういう意味では同じカテゴリーの商材を持っている企業でもシェア1位と3位では異なる戦略が必要ですし、直販営業チームで販売する場合と、販売代理店などの間接販売を活用する場合ではまったく違う戦略が必要になります。企業が違うのに同じ戦略が有効なわけがないのです。

では、自社が採用すべきマーケティングを知るための方法を説明しましょう。

KER：Key Element of Revenue

図表3-1はシンフォニーマーケティングで「KER（Key Element of Revenue：収益の重要な要素）」と呼んでいる企業収益の構成要素を分解した図です。

ここでは企業収益を以下の「顧客基盤」「営業基盤」「商材の競合優位性」という三つの要素

■ 図表3-1　KER（Key Element of Revenue：収益の重要な要素）

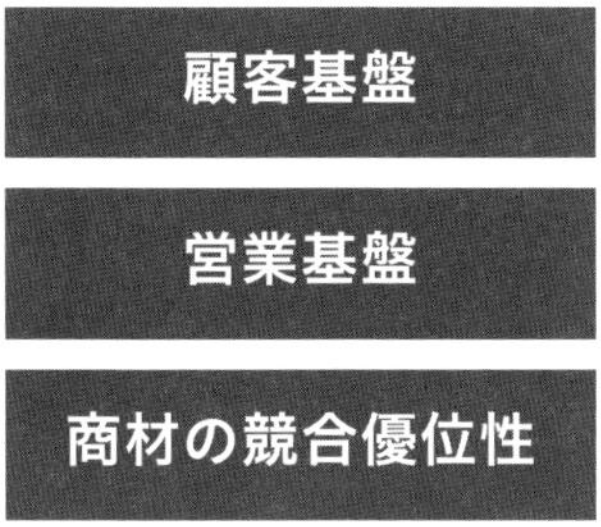

（Element）に分解しています。

それぞれの概要は次の通りです。定義は第5章で詳しく説明します。

顧客基盤

顧客基盤はどれくらいの質と量の顧客を保有しているかを見ています。実は「顧客」という言葉の定義は各社でそれぞれ異なります。しかも同じ企業内の部署や人によっても定義が違うのです。これを整理することはＡＢＭプロジェクトの初期の重要な仕事です。

営業基盤

営業基盤は自社の製品やサービスを販売するリソースです。直販だけで販売しているケースも、代理店網を活用しているケースも、そのハイブリッドもあるでしょう。さらにオンラインストアに出品するケースも、自社ＥＣサイトを構築しているケースもあります。

ここで重要なのは、購買側がこちらを認識して付き合ってくれる販売リソースだということです。ＡＢＭの場合は検索エンジンや

ＥＣサイトをあまり意識しないので、そういう購買側の相談相手としての「認知」を見ているからです。

商材の競合優位性

競合優位性がない商材を販売するのは難しいものです。逆説的には売れている商材の多くはそれを持っています。しかし販売している人がそれに気付いていないケースは驚くほど多いのです。「ＳＷＯＴ分析」と呼ばれる分析手法があります。マトリクスの各象限は「強み（Strength）」「弱み（Weakness）」「機会（Opportunity）」「脅威（Threat）」です。「弱み」や「脅威」はいくらでも出てきますが、「強み」や「機会」を書き出せる企業は意外に少ないものです。

これら三つの要素でスタートアップ企業を見ると、多くの場合「商材の競合優位性」しか持っていません。社歴が浅いので、まだ顧客というものを持っておらず、営業部門も販売代理店網もしっかり確立していないことが多いのです。

こうなると、マーケティング＆セールスの設計は限定的な選択肢しかありません。タクシー広告、テレビＣＭ、そしてインターネット広告に出稿することで自社のウェブサイトへのオーガニック（自然）流入を増やし、そこからカンファレンス、ウェビナー、資料請求、ダウンロードなどに誘導して個人情報を登録してもらう手法です。スタートアップの業務アプリケーションベンダーが多く採用する手法はこうした制約条件の下で生まれています。

一方、エンタープライズと呼ばれる売上高1千億円を超える企業はどうでしょうか？

実は多くの場合、三つの要素「顧客基盤」「営業基盤」「商材の競合優位性」のすべてを持っています。持っていなければ数千億円の売り上げにはならないのです。こういう企業の場合、少なくとも売り上げにおいてはウェブのオーガニックに期待する必要はあまりないでしょう。こうした企業の課題は、既存顧客には「もう伸びしろはない」と考えて海外などの新規市場の開拓にリソースを投入しているところです。

では、先輩社員が開拓し、代々の担当チームが引き継いで守ってきた手堅い「顧客基盤」と、直販営業、販売代理店、特約店などで構成される強い「営業基盤」、そして顧客に鍛えられた「商材の競合優位性」をすでに保有している企業には本当にもう伸びしろはないのでしょうか？

実は三つの要素の中で日本の多くのエンタープライズ企業が活用できていない要素が「顧客基盤」なのです。それはデータを見ればすぐに分かります。全社横軸の顧客データベースが整備されていないのです。

多くの企業では大口顧客にはもう伸びしろはないと考えています。守らなければならない顧客ではあってもこれからの伸びは期待できないと考えているのです。大口の顧客には伸びしろがたっぷりあることに気付いている企業は多くありません。

ABMを実施するとそれが証明できます。既存顧客の売り上げが大きく伸びるからです。

3-2

ABMを横糸に面を取る

多くの日本企業は製品やサービス、あるいは技術で縦糸を作って拡大してきました。商社なども、食品、ケミカル、非鉄金属など製品で事業部をつくり専門性で勝負してきました。製造業は特にこの傾向が強く、製品事業部が事業所を持ち、その事業所（工場）の中に研究開発センターから設計、試作、量産までのラインがあり、原価計算も事業所単位で行います。その製品を販売する営業部門と、その製品を扱う販売代理店があって、まるで事業部が一つの企業のようです。

その独立体のような事業部の集合体が日本企業ですから、今までは事業部間のシナジーをあまり考えませんでした。それどころか、事業部はライバルであり、競合関係にありますから顧客データをシェアするなどありえない、という企業すらありました。

これは、一つの製品ラインが予想を外して落ち込んでも、他の事業でカバーして全体の業績への影響を最小に抑えるための「先人の知恵」でもありましたが、今はシナジーが効かないことを理由に「コングロマリットディスカウント」という名の悪者にされています。ある事業部でヒット製品が出ても、新規事業が立ち上がっても、経済誌に「織り込み済み」と書かれて株価に反映せず、何をやっても株価が上がらないジレンマに落ち込んでいるからです。そして現代では株価が低いとM&Aの対象になってしまいます。

この縦糸だけという弱点を解決するために「アカウントセールス」という制度を導入する企業が増えてきました。営業を顧客に割り振り、A社という顧客を担当するセールスパーソンは自社のすべての商材を販売するというスタイルです。

私は、アカウントセールスは横糸には成り得ないと考えています。

BtoBはプロの世界です。BtoCのように販売する側が購入する側より圧倒的に専門知識を持っているということはありません。むしろ購入側の方が専門知識を持っていることが普通です。そうなると多くの製品やサービスの販売を担当させられた営業は、あまり得意ではない商材の話をしなくなるものです。顧客が反応して詳しく聞いてきたら対応できないからです。顧客は購入しているものだけでその企業を認識しますが、営業は販売した経験のある商材しか顧客に紹介しません。かくして顧客の知らない商材が大量に発生します。

これを解決するには横軸のマーケティング組織しかありません。

同じ「受注」という目標（視点）を持っていたとしてもマーケティングと営業はどこから見ているのかという「視座」が異なります。

営業は目標数字を見ています。売れる営業であればあるほど「達成」にこだわります。達成意識の高い営業は間違いなく優秀な営業なのです。そして達成が最優先であるならば「誰に売るか？」や

「何を売るか?」は優先順位が下がります。達成意欲が強い営業ほど同じ商材を売るのはこれが理由です。売れた商材こそがよい商材なのです。訪問する先も顧客のいつも訪問している事業所や部署に集中します。買ってくれるか分からない事業所を訪問するのは時間の無駄だからです。購入実績のある顧客こそ訪問する価値のある顧客なのです。しかし、これではＡＢＭにはなりません。ターゲット顧客の他の事業所や部署に、違う商材を販売するからＡＢＭなのです。

一方マーケティングは元来経営者のスタッフ部門だったので視座は会社とほぼ同じです。立ち上げなくてはならない新製品や新事業のマーケティングを展開し、ＡＢＭで顧客ではあっても取引のない事業所や部署から商談を創ろうとします。

この営業とマーケティングの視座の違いを正しく理解すれば、組織は縦＆横という形になります。

Ｅシェイプストラクチャー

図表3-2は、私の会社が「Ｅシェイプストラクチャー」と呼んでいる組織です。大文字のＥを横に倒したような形なのでこう呼んでいます。

この場合は業界知識や製品・サービスに関する専門知識は圧倒的に「縦」にありますからコンテンツは縦がリードして制作することになります。「横」はデータマネジメントやメール配信オペレーションなど業務に必要なナレッジが共通する作業を行います。データの統合管理とそのデータ品質の維持がとても大切なミッションで、しかもあまり知られていませんが、日本の法人データのマネジメ

■ 図表3-2　Eシェイプ組織（ストラクチャー）

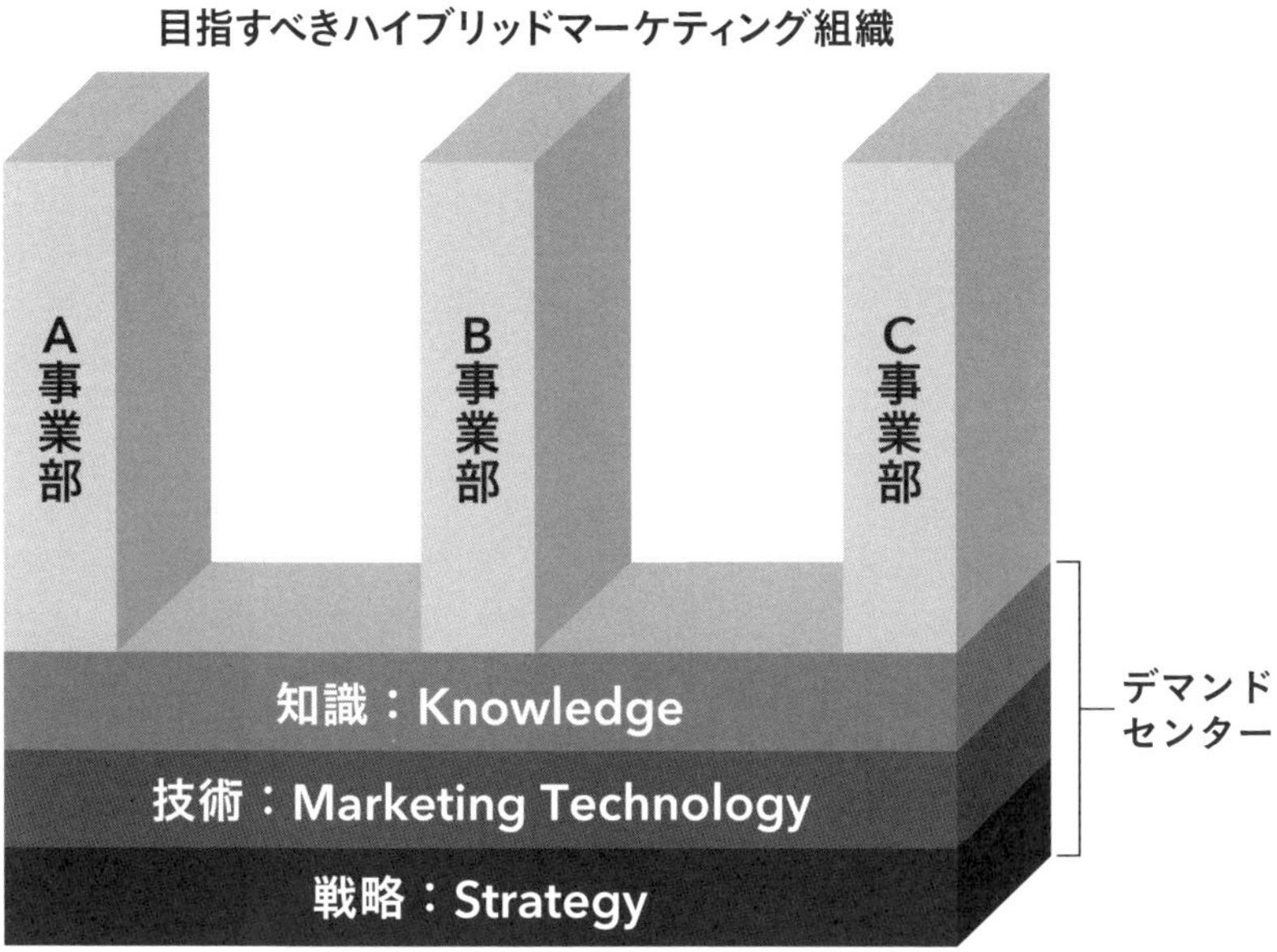

ントは世界でも有数の難易度です。専門部隊でなければ手に負えないでしょう。多くの企業では自社の顧客データの管理品質のレベルが低いことは分かっています。分かっていないのは何が悪いのかと、どうすればレベルの高いデータマネジメントになるのかです。これが理解できていなければ事故は起こしても成果は出ません。

これを分業したのは「Eシェイプストラクチャー」で、第6章で詳しく説明します。

もう一つ私が担当営業が自分が担当する顧客に自社のすべての製品・サービスを販売するアカウントセールス制度に反対な理由があります。

それは「縦糸が強くなければ横糸を張っても意味がない」と考えているから

です。ＢｔｏＢはプロの世界です。専門知識のない営業は顧客から相手にされません。ＡＢＭが成功するには顧客から尊敬されるレベルの専門知識がほしいのです。それは一つの製品やサービスを販売してきた昔ながらの営業が持っていた特性です。同じ製品でも、様々な顧客に納品し、トラブルの相談を受け、エンジニアと課題を解決した経験を持っていれば顧客から相談されます。しかし、薄っぺらい知識しか持っていなければ顧客から「見積もり要員」と認識されて、相談されることはありません。

顧客から相談される強い縦糸を、マーケティングの横糸で紡ぐことができれば顧客基盤は強くなります。既存顧客の売り上げが増えても営業部門の人員を増やす必要も、マーケティングで最もコストが掛かるブランディングやリードジェネレーションにお金を掛ける必要もありません。つまり低コストで高い売り上げを稼ぐことができるのです。

だから今、ＡＢＭなのです。

第3章

日本で独自の進化を遂げるABM

3-3

日本企業が見落としている圧倒的な人材の量と質

日本企業が国際競争力を落とし、半導体などのいくつかの主要な市場で新興国の企業に取って代わられている現状から、日本企業の「営業基盤」は強くないのではないか、という声が多く聞こえてきます。そのいくつかを紹介すると、以下のようなものです。

「営業成績による解雇がないから欧米のセールスパーソンと比べて危機感がない」
「販売予算がそもそも既に見えている数字を積み上げただけで、ストレッチがない」
「外資系企業に比べて予実管理（フォーキャスティング）が緩い」
「インセンティブが低いので貪欲さが足りない」

また、米国流の「デマンドセンター」「インサイドセールス」「セールス」「カスタマーサポート」というマーケティング＆セールスのプロセスマネジメントでいえば、日本のエンタープライズ企業の営業職の仕事は新規の獲得をミッションとしたセールスというより、どちらかといえばカスタマーサポートに分類すべきともいわれます。インセンティブにひも付く受注だけにフォーカスし、毎週案件を進めていくタイプではないからです。それが日本のエンタープライズ企業の売り上げやひいては企業価値が伸びない理由だという人もいます。

私はこれらの考え方をすべて否定はしません。ただこれらは、経営層や、その企業に投資した投資家の目線からの評価ではないかと考えています。

では顧客、つまり購買側から見たらどうでしょうか?

案件管理がしっかりしていて、訪問の最後に必ず商談のステータスを確認し、次のステップとアポイントを確定させる、という外資系によくいるすご腕の営業と、呼んだらすぐ来てくれるけれどあまり売り込みにアグレッシブでもなく、どこかのんびりしている日本企業の営業では、実は顧客は後者を選択することが多いのです。

その理由は、日本のBtoB企業では商談の進捗は購買担当者の思い通りには進まないことが多いからです。社内の調整に欧米とは比較にならない時間と工数が掛かり、次のステップに進むには多くのキーパーソンを説得しなくてはなりません。根回しを急ぐと導入そのものが消えてしまいます。それに誰でも他人のペースで動くのは嫌なものです。

2024年にシンフォニーマーケティングが主催したエンタープライズBtoBに特化したカンファレンス「IGC Harmonics 2024」で、ABMの専門家であるランディ・バーシャック氏が来日し講演しました。彼女はその講演の中で、次のリサーチデータを示し、会場がどよめきました。

「米国では、バイヤーの75％は、できることならセールスに会わないで購入したいと考えている」

押しの強い営業は所属している企業からは頼りになる存在ですが、顧客からするとできれば会いたくない存在なのです。それに比べると日本企業の顧客担当の営業はいかにものんびりしています。焼き畑式に次々と新規受注を獲得していく低価格帯の商材ならともかく、高額商材を既存顧客に販売するなら、結局顧客に頼りにされるのはこうした「ほっこりした」日本型タイプなのだろうと私は思います。

そして社歴の問題があります。ＢｔｏＢは購買のリードタイムが長いこともあって、担当するセールスパーソンの社歴を重視する傾向にあります。商談の中で「もうこの会社は長いのですか？」とさりげなく社歴を聞こうとするのはよくあることです。現代では、転職歴の多い人は採用ではなく営業面で不利になるのです。

目標達成意欲が高く、フォーキャストを外さない営業は短期間で成功し、昇格し、さらによい条件やチャンスを求めて転職します。これは本人から見たら「成功」になりますが、顧客側から見たら「彼を信用して購入したのに、問い合わせたらもう転職していなかった」ということになり、よいことはひとつもないのです。

一方、日本のエンタープライズ企業には社歴10年、20年の営業がゴロゴロいます。特に日本企業は縦糸型の組織が多いですから、社内でもあまり広範囲の異動はありません。

「新卒入社してから20年間この事業部で営業をやっています」という人材は日本なら普通にいます

が、欧米ではとても珍しく、中国ではほとんど見かけない存在なのです。

また欧米企業と違ってインセンティブの割合も多くありません。これは日本の労働基準法がフルコミッションという雇用形態を許していないことも理由の一つですが、欧米によくいる「セールスレップ型」のすご腕営業が日本で少ないのは、労働基準法の制限だけではなく、外資系に多いすご腕型の営業を顧客側が敬遠することも大きな理由なのです。

私の経験では社歴が長く、自社の製品やサービスにプライドとロイヤリティーを持ち、かつ謙虚で控えめな日本のセールスパーソンのほうが顧客からより頼りにされています。

ＡＢＭを実施するうえで、こうした日本型の営業ほどの人的経営資源はないのです。「重要な顧客」とは表現を変えれば、「長く良好な関係を築いた顧客企業」です。その関係はフットワークがよく、忍耐強く、謙虚で礼儀正しく、何よりも長くその会社に勤めた歴代のセールスパーソンによって築かれているのです。

だから私は日本企業の「営業基盤」は強い、と考えています。

私が日本のＢｔｏＢマーケティングの欧米先進国からの大きな遅れに危機感を持っていない理由はこれなのです。欧米企業が逆立ちしても手に入れられない「営業基盤」という人的経営資源を持っており、この人たちが長年守ってきた「顧客基盤」があるのです。

半面、製品や事業でくくられた縦型が強い日本企業は、横軸で束ねるマーケティング組織を持たないので、これらの経営資源がシナジーを発揮できるように連携できません。

これこそが大問題なのです。

この大問題を劇的に変化させる起点がＡＢＭなのです。

第3章

日本で独自の進化を遂げるABM

3-4

コト売りはターゲットアカウントだけに成立する

多くの企業が取り組んでいる「モノ売りからコト売りへの転換」も、実はターゲットを絞り込まないとできないことなのです。

図表3-3はBtoBの購買プロセスを示しています。BtoBでは購入することや保有することが「目的」となることはありません。購入したり、導入したりすることは、課題の解決やリスクヘッジの「手段」なのです。

ですから最初に課題またはリスクがあります。この段階では社内のほとんどの人は気付いていませんし、もちろん競合もまったく気付いていません。

この課題は放置すべきではないとなると、課題解決の手段が検討されます。今回はこの方法で解決しようとなったうえで、課題解決が具体的に設計され、その段階で必要なツールや機械、技術、そしてそれらを提供するベンダーがリストアップされます。このリストに社名が上がった企業にRFP（Request for Proposal：提案依頼書、リクワイアメントシート）が渡されます。RFPを渡されたベンダーだけが、

■ 図表3-3　モノ売りからコト売りへの転換

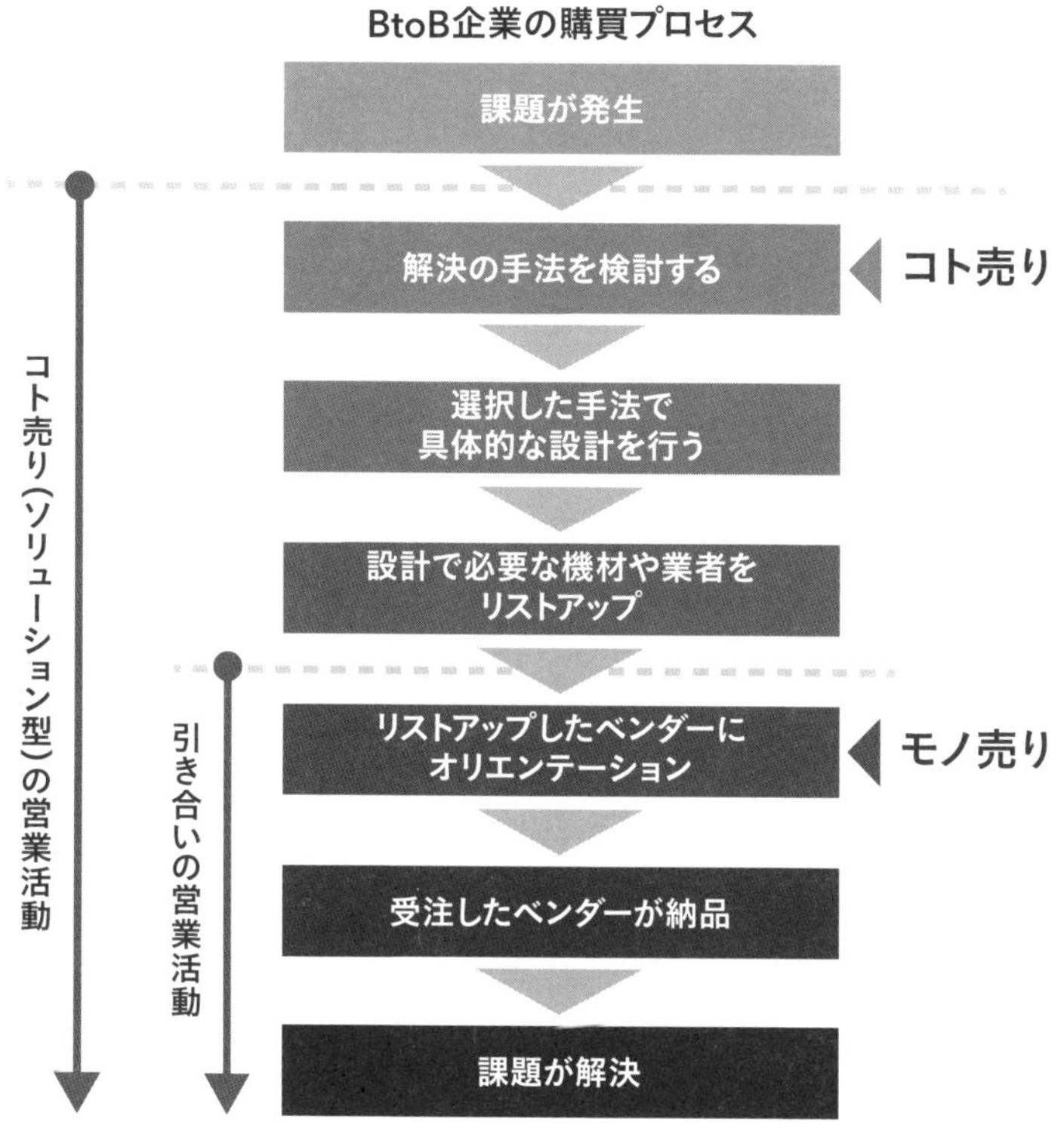

それに沿って提案することができます。

その提案の中で最も安い見積額、早い納期などを提示した企業が落札し、それがRFP通りのスペックで納品され、稼働したら課題は解決する。これが一般的なBtoBの購買プロセスです。

顧客がRFPを書くということはその商談の主導権は100%顧客サイドにあることを意味します。ベンダーがこの商談を獲得しようと思えば、最も安い価格で提案するか、最も早い納期で提案する必要があります。どちらもリスクがあって儲からない商談です。

ここから抜け出して、付加価値を付けた商談をしたい企業が「モノ売りからコト売りへの転換」を唱っています。しかし転換するには、顧客がRFPを書く前にアプローチしなくてはなりません。つまり顧客企業内の課題やリスクを競合が気付かないタイミングでキャッチしアプローチする必要があるのです。

これは時間軸の話です。

顧客の行動を解析し、裏を取り、上手にアプローチしなくてはなりません。細心の注意が必要だし、経験豊かな営業がアプローチする必要があります。とても数多くの企業に対してできることではないのです。

ここで大事なのは時間軸だけではダメということです。競合が気付くはるか前に顧客の内部に発芽した課題やリスクを発見できたとしても、その解決やヘッジの相談相手として認識されなければ意味がありません。顧客にとって解決すべき課題やヘッジしなければならないリスクは多くの場合「恥部」か「弱点」になるからです。信頼していない相手に相談などできるはずがありません。いくら解決のヒントを求めていたとしても、それを翌日には競合企業でペラペラ話してしまうような相手に打ち明けられるはずがないのです。

つまり、コト売りに転換するために必要な要素は二つになります。

一つは顧客内の情報収集から顧客の潜在的な課題を発見する力です。これは高度なデマンドジェネレーションであり、そのノウハウを蓄積し、実践できる組織「デマンドセンター」のスキルレベルに依存します。日本の多くの企業はまだ持っていないか、持っていても十分ではない力です。

もう一つはその発見した課題の解決を提案できる信頼関係を構築しているアカウントセールスやセールスエンジニアです。こちらはすでに多くの日本企業がしっかり保有しています。

多くの企業が転換しようとしている「コト売り」に必要な二つの要素のうち一つを既に持っているなら、残りの一つ、ハイレベルのデマンドセンターを手に入れるだけです。

3-5

ＭＱＬからバイヤーグループへの進化

今、欧米のＢｔｏＢマーケティング先進国で大きな話題になっているキーワードに「Goodbye ＭＱＬ」があります。次のフレーズがよく言われています（筆者が和訳）。

“Goodbye MQL, It's time to talk about Buyer group”
（ＭＱＬよ、さようなら。さあ、バイヤーグループについて語りましょう）

ＭＱＬを改めて説明すると、「Marketing Qualified Lead」の略で、「マーケティングによってつくられた案件（商談）」を意味します。現代のＢｔｏＢマーケティングのスタンダードモデルは、3年前にフォレスター・リサーチ（Forrester Research）によって買収されたシリウスディシジョンズが２００３年に発表し、以来バージョンアップを重ねてきた「Demand Waterfall Model（デマンドウオーターフォールモデル）」であり、このモデルの中で重要なプロセスとしてＭＱＬがありました。マーケティング活動によってつくられ、アポイントまたは訪問承諾という形で営業部門に供給される案件のことです。

それ以来、世界中のBtoBマーケターはいかにして良質なMQLを営業部門に供給するかを競っていました。

2023年頃から、シリウスディシジョンズを引き継いだフォレスターディシジョンズ（Forrester Decisions）が上記のように個人である「MQL」から購買を検討する集団としての「バイヤーグループ」にフォーカスを変更しようと提唱し始めました。そのアナウンスをした米国テキサス州オースチンで開催されたカンファレンスには私も参加しており、参加者から「なんでGoodbyeなんだ?」「今までの努力は何だったんだ」「変えなくてはならない理由は何なの?」といった声が多く上がりました。

フォレスターディシジョンズでデマンドウォーターフォールの主任アナリストを長年務め、私の友人でもあるテリー・フレハティ氏は次のように説明しました。

「大企業の場合、情報を収集する人と、実際に発注する人は違うことが普通なので、情報収集している人を個人として追跡すると、同じ会社の違う人から来た発注をマーケティングとは関係のない売り上げとしてカウントしなければならない。これではマーケティング部門が受注に貢献していないことになってしまい、結果として多くのマーケティング部門の人が解雇されてしまった。しかしこれらの発注の多くはマーケティング由来であり、それを補足するためにあるタイミングから個人を追跡するMQLから、そのMQLをインフルエンサーとした集団、つまりバイヤーグループに拡大することにした」

バイヤーグループは新しい概念で定義が決まっていません。呼び方も、バイヤーチーム（Buyer Team）、バイインググループ（Buying Group）、バイイングコミッティー（Buying Committee）などさまざまです。基本的には10〜18人ほどの集団で、購入（導入）の意思決定に関わり、その中の役割を「最終意思決定者」「リサーチャー」「インフルエンサー」などとしていますが、購入する案件や事案によってグループ構成や構成員が変化します。組織というより、もっとファジーな集団を指す場合が多いのです。

バイヤーグループの説明を聞いたとき、私は近くにいた米国の友人に次のような冗談を言って、大きな笑いを誘いました。

「君たちはさ、日本の意思決定に時間が掛かる稟議《りんぎ》システムとその承認に必要なハンコの数をいつもバカにしていたけど、このバイヤーグループって日本スタイルに似て見えないかい？」

日本では商談の購買側で関係者の数が多く、しかも誰がキーパーソンかも外からでは分かりにくいので、営業は多くの人とコンタクトする必要があります。欧米型の「Cクラスを落とせば決まり」という単純な意思決定では元々ないのです。外資系企業でマーケティングを担当する人はその日本の企業文化を本社のマーケティング部門に理解させるのにいつも苦労していました。

そういう意味では、日本のビジネスカルチャーに昔から存在した「稟議書《りんぎしょ》にハンコを押す人」に近い概念かもしれません。

いずれにしても、1人の人間をトレースする時代はもう終わりました。少なくともMQLとして営業にトスするタイミングでは、1人からフォーカスを拡大してその周辺のバイヤーグループの意思や動向を把握する必要があります。それをインサイドセールスのミッションにするのか、インテントデータを駆使してマーケティングが行うかは、どんなデータが合法的に入手できるかによって設計を変えるべきでしょう。

BtoBマーケティングはAIなどの技術革新の影響を受けて進化を加速させています。そうした進化と、変わらぬ原理原則のあや織りで自社のマーケティングをデザインしてみることが重要だと私は考えています。

我々はそういう時代に生きています。

3-6

バイヤーグループをサードパーティーインテントに頼らない日本企業

日本独特のビジネスカルチャーに「名刺交換」があります。日本に出張してくる外国人は名刺を作って持ってくる人もいますが、欧米で会うビジネスパーソンで日本人のように名刺入れから慣れた手つきで名刺を出す人はほとんどいません。それでも新型コロナウイルス禍の前は欧米でも名刺を持っている人はいましたが、その使い方は日本とは異なります。日本のビジネスパーソンのようにミーティングの前に参加者全員と名刺交換する儀式はなく、面談はファーストネームの自己紹介と握手でスタートします。名刺交換はミーティングの後であることが多く、つまり話した内容によってもう一度会いたい、会う可能性が高いと認識するとシャツの胸ポケットから名刺を差し出します。

新型コロナウイルス禍の後は、そのシャツの胸ポケットに名刺を持っている人すらほとんどいなくなりました。欧米ではビジネスＳＮＳとしてリンクトインが定着しています。名刺交換の代わりにリンクトインでつながることが一般的です。商談の後に「リンクトインでつながろう」「リンクトインでメッセージを送るね」となります。あるいはその場でバーコード機能によってつながってしまいます。もう名刺は日本だけのガラパゴスの象徴になるかもしれません。

名刺交換の商慣習がない欧米では、ＡＢＭでターゲット企業に選定しても、ＭＡの中に保有している個人情報は数名という場合も少なくありません。そのため、顧客企業のバイヤーグループの構成メンバーの多くはアノニマス（個人特定できないウェブ訪問者）として扱うしかなく、その行動から類推する必要があります。

となると、自社で収集し、パーミッションを取ったファーストパーティーデータ、パブリッシャーや信頼できるパートナー企業が保有するセカンドパーティーデータ、外部のデータ提供会社や広告系企業などが収集し提供するサードパーティーデータとして、それらを混ぜて、ＩＰアドレスなどをベースに高度な類推をしてその企業の可能性を探る必要がありますし、そのためのテクノロジーが進化しています。

米国のテレビや映画などでデスクの上に置いてあるリング状の名刺ホルダーを見た方がいると思います。最大で４００枚ほど収納できますが、日本で10年以上ビジネスをしているビジネスパーソンは平均2千～3千枚の名刺を保有していますので、あれでは容量が足りません。あのタイプの名刺ホルダーが日本で普及しなかったのは量的な問題なのです。そして同じ人と何度も名刺交換するのも日本の慣習です。所属が変われば、肩書が変われば、年が改まれば名刺交換をします。日本では基本的にその場に居合わせた人全員と名刺交換します。経営幹部に付いて顧客を訪問すれば、新人でも顧客の役員と名刺交換をします。

つまり、お付き合いの長い顧客企業の場合で見れば、「現場」「マネジメント」「役員」などあらゆる階層と部署の名刺が社内に大量に存在することになります。これは日本ではバイヤーグループの構成メンバーの個人情報は多くの場合、過去の名刺交換によって既に社内に存在することを意味します。実はこれは圧倒的なアドバンテージなのです。日本の特定電子メール法などの法律では、本人の意思で交換された名刺に記載されている電話番号やメールアドレスに対しては改めてパーミッションを取る必要なく使えるとされています。つまりコミュニケーション可能な顧客情報に分類されるのです。

数年前に経験したことですが、ある企業がデマンドセンターを構築してマーケティング活動を開始しましたが、思うような結果が出なくて相談に乗ってほしいと言われました。指定された日に会議に参加してみると、営業本部長を兼務する常務がマーケティングの成果に不満を持っており、その内容はおおむね次のようなものでした。

「億を超える商談をつくってほしいと言っているのに、ハイスコアからのアポイントのリストは係長とかリーダーばかりだ」

「係長からラインをたどっていくのなら、商談を効率化したいというマーケティング導入の目的が達成できないではないか」

「なんでもっと職位の高い人にアプローチできないんだ?」

常務が一通り話した後で私に水を向けられました。

「庭山さん、プロとしてどう思いますか？」

実はこの会社はこの時点ではクライアントではありませんでしたが、アドバイスが欲しいと言われて何度か壁打ちをしたことがありました。その中でＭＡの導入に当たって本部長・執行役員以上の名刺はＭＡには入れない、つまりマーケティングの対象にはしないと決まったと聞いていました。

私は答えました。

「日本の商慣習からすると、基本的に同格の人が会い名刺交換をします。つまり先方の偉い人の名刺はこちらの偉い人の名刺ホルダーにあるはずです。それを活用されたら今の問題は解決するのではないですか？」

「役員の名刺をマーケティングに使って大丈夫ですか？」

「電子メールに関する法律では、名刺はパーミッションの必要がないとガイドラインに明記してありますから法的な問題はありません。それに今どきメールを送られて無礼だと怒る人もいないでしょう。もしご心配なら、本部長以上のメールをほかとは別にして、より濃い情報を丁寧な文面で送ったらどうでしょう？」

この案はその場で採用され、３カ月後には役員も含めた経営幹部の保有名刺にエグゼクティブ向けのメールマガジンを送り、興味を示した役員から現場のマネージャーに転送されて、大型商談をつくれるようになりました。これが日本の名刺交換の威力であり、ポテンシャルなのです。

欧米がインテント（意思のある）データを頼りにする理由は、アノニマス（正体不明）のウェブアクセス者の中から購買に関わる人を探す手段として使うためです。しかし日本では顧客のバイヤーグループに含まれる人の名刺は既に社内に存在することが多く、それらをＭＡに取り込むだけで、個人を特定したコミュニケーションやスコアが可能になるのです。

これは恐らく先進国では日本だけのアドバンテージです。

第 3 章

日本で独自の進化を遂げるABM

3-7

ADRを確保できるのは世界でも日本企業だけ

ADR（Account Development Representative）という言葉を海外のマーケティングカンファレンスで聞くようになったのはもう10年以上前のことです。組織的に行う場合はBDR（Business Development Representative）で、販売まで踏みこむ場合はSDR（Sales Development Representative）などと呼び方は若干変わっていました。しかし今日本で普及しているようなインサイドセールスとの混同はむしろありませんでした。ADRはサッカーに例えればセールスチームのトップ下のポジションだったのです。

当時から欧米のハイテク・IT企業のマーケティングの評価軸はSAL（Sales Accepted Lead）でした。マーケティングとインサイドセールスが獲得したMQLを営業がフォローし「この案件は私が推進します」と受け入れてくれたものがSALとなります。この数と質でマーケティングが評価されました。

つまり、このSALが少ないとマーケターは職を失います。パイプラインを埋められなかったことになるからです。この頃、米国のラスベガスで開催されたBtoBマーケティングのカンファレンスに参加していたときに、BtoBマーケターの働き方を考えるセッションで、ゲストとして登壇していた現役のＣＭＯが次のように言ったのを覚えています。

「セールスのスケジュールをよいアポで埋める以外で自分の職を守れることなんてあり得ないよ」

こうした危機感を持って、米国のマーケターはデマンドセンターからセールスに案件を供給する方法から、トップ下にボールを集めるスタイルに切り替えました。サッカーではデマンドセンターはディフェンスラインですから最前線の営業チームまでは距離があります。状態や、それぞれの選手の個性が分からないままロングパスを蹴り込んでも成果は出なかったという反省点から、トップ下にボールを集め、そこからキラーパスを出してもらう方法に換えたのです。つまりＡＤＲは司令塔の役割を期待されました。

そしてこの頃の米国企業の求人にあったＡＤＲの募集要項に次の条件がありました。

- マーケティング戦略を理解し
- 自社の製品戦略を理解し
- 自社の営業リソースをハンドリングして
- 営業パイプラインにコミットし
- フォーキャストにコミットし
- 各プロセスの金額にコミットできる人

これを見たときに「そんなスーパーマンのような人が本当にいるのかな？」と考えたものです。後で米国でBtoB企業専門にヘッドハントしている友人にこの話をすると、こう話してくれました。

「いや、なかなかいないよ、そんな人材は。だから高騰してるし、高い年俸で採用されるからちょっとでも期待外れだとあっという間にファイヤー（クビ）になるんだ」

ただ、国内に目を向けると私には違った絵が見えてきます。

上記の条件をクリアするために必要なのは、自社の製品や市場での立ち位置の理解、競合関係の把握、顧客と自社との関係性、最前線のセールスパーソンの特徴や経験などの把握です。これらは転職したばかりの人にはとても難しい要素ですが、実は経験豊かな営業部長は普通に持っているスキルです。

そしてこの貴重な営業資源を日本企業は役職定年という制度で無駄にしています。これはまったくばかげたことです。欧米企業であればあり得ないような金額を使って鵜の目鷹の目で探している人材を、日本企業は飼い殺しにしているのです。

もちろん役職定年になった営業部長や本部長がすべてADRになれるわけではありません。マーケティングを体系的に学び直す必要があり、そのうえでフォーキャストやその計算やレポートを学ぶ必要があるでしょう。でも、それらの習得は難しいことではありません。むしろ彼らが20年30年かけて身につけた業界、自社、自社製品、そして顧客に関する知見こそが得がたいスキルなのです。

日本企業は世界のBtoB企業が必死で探している人的経営資源が多く埋もれている宝の山だと私は考えています。

3-8

ＡＢＭで世界の先頭集団に！

２０１３年にＡＢＭをエンタープライズＢｔｏＢの主流になるマーケティング戦略と認識したとき、私は同時に「このＡＢＭなら日本は世界で最も成功できるのではないか?」と考えました。ＡＢＭを成功させるための基本的な要素を保有している企業が日本ほど多い国は他にないからです。私はＡＢＭを成功させるためのＫＦＳ（Key Factor for Success：成功の重要要因）は次の４つだと考えています。

1 伸びしろと各レイヤーの個人情報の双方を持つ顧客の存在

2 顧客から専門知識と人格の両面で信頼されている営業の存在

3 組み合わせでソリューション提案できる豊富な商材

4 デマンドジェネレーションの経験を持つデマンドセンター

それぞれ説明しましょう。

1　伸びしろと各レイヤーの個人情報の双方を持つ顧客の存在

「伸びしろ」とは、ある製品やサービスを購入して、他の商材をあまり購入していない企業です。顧客は購入している商材でその企業を認識します。買っていない商材は存在を知らないか、詳しく知らないことが多いのです。これがビジネスチャンスになります。逆によく知っていて買ってくれない顧客がいた場合、それを覆すのは至難の業です。特性や構造をしっかり理解したうえで買わない顧客には「買わない明確な理由」があるからです。ですから、買ってくれていない理由が「よく知らない」という顧客を探す必要があります。

そして各レイヤーの個人情報とは、現場のオペレーションクラス、選定を主導し、稟議書を書き、根回しをするテクノロジーリーダークラス、そしてお財布を握っていて、稟議書を承認する側にいる経営幹部クラスという各クラスのことです。お付き合いの長い顧客であればこうした多階層でお付き合いがあるものです。そもそも自社の経営幹部が若手の頃には相手の経営幹部も若手で、その頃からのお付き合いという場合も珍しくないのです。そして事業所や部門を網羅していることも重要で、ある特定の事業所、部署だけ、というのは他の商材を提案する時には苦戦の理由になります。

これはいくつかの切り口でカバレッジ分析を行えば、明確に可視化できます。

2　顧客から専門知識と人格の両面で信頼されている営業の存在

商談にも上流工程と下流工程があります。上流は顧客の課題や状況を理解することから始まり、顧客の状況にフィットした提案を企画するプロセスで、下流工程は顧客がRFP（提案依頼書）を書いた後の提案、価格や納期の交渉、契約業務などです。

商談の下流工程ではセールスパーソンに期待されることは多くありません。商談の主導権が顧客側にあるので、クイックに見積もりを出す、値引きに対応するなどのスキルがあれば対応できます。しかし顧客がＲＦＰを書く前の上流工程では、顧客から「相談相手」としての役割を期待されます。

相談相手に求める要素は豊富な専門知識だけと思われがちですが、実はそれにプラスして「人格」が重要になります。それは解決すべき企業の課題やリスクは多くの場合、他人に知られたくない恥部だからです。これを開示するからには秘密を守って、さらに課題解決のヒントをくれることを期待されます。そうでなければ「話し損」になるからです。だから人格なのです。

3　組み合わせでソリューション提案できる豊富な商材

単独の商材で競合優位性をつくり出すのはとても難しいものです。ＢｔｏＢでは競合の製品やサービスは鵜の目鷹の目でウオッチしているものです。ですから短期間に模擬され、それは特許を取得しても守れないことが多いのです。しかもその優位性を長期間守ろうとすれば圧倒的な技術優位性が必要になり、現実的ではありません。

しかし複数の商材やサービス、アセスメントやコンサルティングなどを組み合わせたソリューションであれば、その競合優位性は簡単に模擬できません。ソリューションを構成するすべての要素を同レベルでそろえない限り模擬できないからです。

日本企業は欧米の同業他社に比べて商材の種類やバリエーションが多い、という特徴を持っています。また販売代理店、特約店、パートナーコンサルティング会社、システムインテグレーターなどとパートナーエコシステムを構築し、顧客の課題解決に取り組んでいる歴史も持っています。こうしたアセットをもう一度棚卸しして、DoVを再定義すれば、競合優位性をつくり出すことができるでしょう。

4 デマンドジェネレーションの経験を持つデマンドセンター

ABMはデマンドジェネレーションの進化形であり、さらに難易度の高いデータマネジメントとコンテンツクリエーションが求められます。その分析もリアルタイムでなければなりません。そういう意味では、ABMを成功させるにはデマンドジェネレーションの経験値が必須なのです。

ここは多くの日本企業が苦手な弱点ともいえる分野です。デマンドセンターのプラットフォームはMAですが、MAの普及は米国では2000年から、日本では14年遅れて2014年から始まりました。しかし10年たった現在でも、デマンドジェネレーションのプラットフォームとして機能しているMAは少なく、多くはメール配信ツールに成り下がってしまっています。

ここはもう一度、組織設計から再構築する必要があるでしょう。ツールも、その中のデータもあり、そのオペレーションで経験を積んだスタッフもいますので、そんなに時間や費用がかかる話ではありません。ただしABMデマンドセンターとは何か、というところから再定義する必要があるので手を抜いてはいけないところです。

そして組織が定義できれば、その組織をすべて正社員でそろえる必要はありません。私はむしろ派遣社員やアウトソーシングとのハイブリッドで組織編成すべきだと考えています。なぜならば、デマンドセンターの業務の多くは「作業」です。作業に正社員を当てるのは合理的ではないからです。本来のジョブ型組織では、オペレーターに昇進や昇給はありません。同じ作業をミスなく効率的に繰り返すことを期待されますが、それ以上は期待されないからです。

そこは非正社員でまかなうほうがよいと私は考えています。正社員のリソースはできる限りコンテンツや分析、企画、顧客との面談や営業とのミーティングに充てたいのです。

日本のエンタープライズ企業はデマンドジェネレーションの経験を持つデマンドセンター以外をすでに持っています。デマンドセンターは経験を持つ外部のベンダーを入れたハイブリッドの組織を編成することで経験値がたまる時間をショートカットできます。

2025年現在、日本で世界に評価されるレベルでＡＢＭを成功させている例を、私は知りません。しかし私は、成功に必要な4つの中の3つまでを非常に高いレベルで既に保有している日本企業は、ＡＢＭに関しては世界で最も成功事例を多く出せる、つまり「ＡＢＭ大国」になれる可能性を持っていると考えています。

もちろん多くの企業ではアカウントセールスの「俺の客問題」が強く残り、マーケティング部門をうんざりさせています。稼いでいる事業部であればあるほど「うちの事業部は放っておいてください、予算を達成しているのだから……」と言います。

ＡＢＭをやる場合、ＡＢＭを全社戦略に位置づける必要がある理由はここにあります。

戦略と戦術の違いは、自由度を認めてはいけないのが戦略で、自由度を認めなければならないのが戦術です。ターゲットを選定する場合、多くは既存顧客であり、そこにはアカウントセールスがいます。彼らを理屈で説得するのは不可能なのです。だからここは「戦略」という自由度を認めてはいけないものにする必要があります。強いリーダーシップが必要なのです。

第2部

実践編

第2部は実践編です。あなたの会社がＡＢＭに取り組むときに、たどるべき4つのフェーズを解説します。もちろんチェック項目を見たうえで条件がそろっているならショートカットして構いません。しかし「成果は整えられた条件に導かれる」という原理原則から考えれば、十分に成功の条件を整えることが重要です。この第2部はそのために用意しました。

第4章はフェーズ1としてＡＢＭを始める前のチェック項目を、第5章でフェーズ2として戦略立案を、第6章ではフェーズ3として整えるべき組織とナレッジを、第7章はフェーズ4として実行・評価をそれぞれ書いています。

もしあなたの会社が既にＡＢＭにチャレンジしてうまくいかなかったとしたら、第2部にその原因を見つけることができるでしょう。

第4章

フェーズ1 事前準備

いよいよABMへの事前準備を開始しましょう。

まず大事なのは、ABMは経営戦略であるということです。気軽に始めてうまくいかなかったら1年でやめるというものではありません。ABMのターゲットアカウントを既存顧客にした場合はなおさらです。大口顧客の信頼を損ねるようなことは決してすべきではありません。

ですからフェーズ1として、自社がABMをスタートできる状況にあるかをチェックします。もしチェックリストの多くが埋まらずに、まだ始めるレベルにないと分かったならば、その条件を整えることから開始しましょう。

4-1

トップマネジメントチームの理解度

自社がABMをスタートできる状況にあるかをチェックするポイントは6つあります。この4-1から4-6にかけて、一つずつ取り上げていきます。

設問：「あなたの会社のトップマネジメントチームはABMを正しく理解し、重要な戦略だと認識していますか？」

私はマーケティングのコンサルタントとしてエンタープライズ企業の経営者とお会いすることが多いのですが、基本的にはとても賢明な人たちが多いのです。多方面にアンテナを張っていますから情報も十分に持っています。理解力もあり、戦略的にものごとを考えるクセをつけています。

問題は忙し過ぎるあまりBtoBマーケティングやABMに関する理解が浅いことです。私の著書を読んでいただいた経営者に呼ばれて「ぜひやりたい」ということで始まったABMのプロジェクトがありました。始まってしばらくして会議の違和感に気付きました。社長と専務と常務取締役営

■ 図表 4-1　事前準備フェーズのチェックポイント

□ トップマネジメントチームの理解度
あなたの会社のトップマネジメントチームはABMを正しく理解し、重要な戦略だと認識していますか？

□ データマネジメントレベル
あなたの会社のデータマネジメントはABMを始めるのに充分なレベルに達していますか？

□ テクノロジー活用レベル
マーケティングテクノロジーとセールステクノロジーはそれぞれ何が入ってどう連携していますか？

□ ICPとDoVの定義
自社の価値と、それを求める理想的な顧客プロファイルは定義されていますか？

□ コンテンツ制作能力
自社の価値を伝えるためのコンテンツを十分な量と質で制作する能力はありますか？

□ アカウントセールスとの連携体制
アカウント営業はABM実施においてマーケティングやものづくりと連携する準備はできていますか？

ICP：理想的な顧客プロファイル　**DoV**：価値の定義

業本部長の間で「ＡＢＭの定義」がまったくそろっていなかったのです。およそ世の中の会議で「言葉の定義」がそろっていない会議ほど無駄なものはありません。そして、後になると致命的な問題になり、大きく後戻りすることになります。

私は役員全員での半日の合宿ミーティングを提案しました。全役員を半日拘束すると言いだした私に事務局は青くなりましたが、結果として言葉やフレームのずれをそろえることができ、勘違いを修正し、目標を再確認することができました。

その合宿では、次の項目で学びとディスカッションを行いました。

- 戦略と戦術と戦闘教義
- マーケティング先進国のBtoBマーケティングの歴史
- ABMの歴史と実績・デマンドジェネレーションとの違い
- 日本のBtoB企業のデータマネジメントの難易度
- この会社でABMによって改善されるポイント
- ABM成功の主要な要素と評価基準

後日、参加した役員や事務方から「あの合宿ミーティングがとても重要だった」と何度も言っていただきました。

ABMは社内で関係しない部署がないほどの全社戦略です。スモールスタートで始めるにしても、パイロットプランから始めるにしても、それが数値目標をクリアしたら全社プロジェクトに格上げしなければなりませんし、海外のグローバル企業は、北米で成功したら次はEMEA（欧州・中東・アフリカ）、その翌年にはAPAC（アジアパシフィック）とグローバルでの順序を決めて準備しながら進めます。

日本のエンタープライズ企業ではMA（マーケティングオートメーション）とSFA（Sales Force Automation：案件管理システム）はかなり普及しています。しかしその運用は改善の余地ばかりです。MAの大半はメール配信にしか活用されておらず、MAよりも数年先行して普及したSFAに至っては営業の仕事を増やし、データの量と比例してベンダーに支払う金額は莫大になっていますが、そのコストに見合った成果は上がっていません。しかしＡＢＭをやるなら、ここも改善しなくてはなりません。

ＡＢＭは長期戦です。売り上げよりもむしろターゲットアカウントのパイプラインの中で、狙った商材の案件とその金額で効果測定をしなくてはなりません。アカウントセールスチームのＳＦＡの入力ルールやステータスの定義合わせをしっかりしておかないと、効果を可視化することができず、間違った判断をすることになります。

ここも経営者が理解しておくべき重要なポイントです。

トップマネジメントチームの理解度が成否を分けます。外部のプロを使っても、社内のプロジェクトチームが主体で行ってもかまいませんが、ここは絶対に事前にチェックし、ベクトルをそろえるべきです。

4-2

データマネジメントレベル

設問：「あなたの会社のデータマネジメントはＡＢＭを始めるのに十分なレベルに達していますか？」

ＢtoＢマーケティングはダイレクトマーケティングからデータベースマーケティングという系譜に位置しています。一貫している特徴は顧客データベースに立脚してプランニングすることですから、データのマネジメントレベルは極めて重要です。そしてＡＢＭはさらに高いレベルのデータマネジメントを求められます。ですからそれができる、そして顧客データの状態を維持できるナレッジやリソースを保有しているのかをチェックしなければなりません。

例えばＡＢＭのターゲットアカウントを20社選定し、初年度はパイロットプランとしてその中の6社からスタートするとします。まず確認したいことの一つは、その6社に所属する

「コンタクトポイントは何人保有していますか？」

という質問です。

コンタクトポイントとは名刺の表面に記載されている情報と同等のものを1人とカウントします。

社名、部署名、役職、姓名、メールアドレス、職場の電話番号、職場の住所などです。さらに「事業所や部署、役職の分布はどうなっているか？」という質問が続きます。分布はカバレッジ分析という手法で分析するのが普通です。

実はこの質問の答えは以下のようなものが多いのです。

「たくさんあると思います」
「分布は分かりません」

これではABMは始められません。

MAが導入されている企業でも、中のデータは展示会やSEO（Search Engine Optimization：検索エンジン最適化）で収集した見込み客だけで、アカウントセールスチームが大事に保管している既存顧客の名刺情報はMAに入っていないこともよくあります。Sansanのような名刺管理ツールを導入している企業であっても、そのスキャンのルールが部署によって違っていたり、個人によって使い方が違ったりすると「分かりません」となります。

デジタル化ができていても名寄せのレベルがそろっていないと利用できません。

利用できないというのは二重の意味があります。一つはマーケティングに利用できないという意味。もう一つは法律をクリアできないので使えないという意味です。一つずつ説明します。

マーケティングに利用できない

データマネジメントのはじめの一歩は「名寄せ」と「営業対象外排除」と「連結」です。中でも名寄せが最初で最大の難関です。企業と個人の両方を名寄せしなくてはなりませんが、日本語の名寄せは世界で最も難しいことを理解して作業を進めなくてはなりません。

マーケティングの重要なプロセスに「スコア」と呼ばれる作業があります。属性と行動の2軸でスコアリングして、有望度を決めるプロセスです。同じ企業が複数存在したとき「なんでウチの顧客データはグチャグチャなんだ」と怒っている経営幹部をよく見かけますが、途方もなく難しい作業に対して、その難易度に相応しいリソースを割いていないからグチャグチャなのです。

現代は、個人ではなくバイヤーグループという集団をターゲットにしなくてはならない時代です。それは個人と企業をひも付け、同じ事業所、部門として管理しなければできないことなのです。

表記の揺れ

難しい原因の一つは表記の揺れです。日本の大手企業の中で最もシンプルな社名の企業の一つは日本電気株式会社でしょう。この企業の表記の揺れですら40を超えるといわれています。例えば日本電気株式会社について、世代によっては「日電」と呼ぶ人もいますが、多くの人は「ＮＥＣ」と呼んだり書いたりします。しかしこれも大文字、小文字、全角、半角、中黒入り、カタカナ、後も株式会社や（株）などの組み合わせがあります。最もシンプルな社名ですらこれですから、表記の揺れがいかに多いか想像がつくと思います。これをすべて正式社名の「日本電気株式会社」にしなければ名寄せはできません。

ややこしいのは、正式社名でＮＥＣという企業は存在しませんが、日本電気の子会社の多くは社名にＮＥＣを付けていて、こちらは正式社名なのです。

正規データが使えない

日本では「正規の社名」とは登記簿謄本に登録されている社名を指します。登記は法務局単位ですから、基本的に同じ法務局の管内に同一名称がなければ登記できます。清水さんが建設会社を設立すれば清水建設と登記できるのです。もちろん「清水建設」の商標はスーパーゼネコンの清水建設によって登録されていますが、特許庁が管轄する商標と法務局の登記は別ですから登記できてしまいます。日本全国に清水建設は数多く存在するかもしれませんが、それらはすべて正規なのです。

証券業界の最大手に野村証券という会社があります。正式な社名は「野村證券株式会社」で證券は旧字を使いますから、野村証券は「揺れ」か「誤入力」か「違う会社」の可能性があります。

日本語の特性

実は名寄せやデータマネジメントを機械的に処理しようという試みは30年前から何度も行われています。特にＯＣＲ（Optical Character Reader：光学文字認識）が普及したときにはこれで一気にデータマネジメントが進化するといわれました。うまくいかなかった理由は日本語の特性です。

漢字の「工」とカタカナの「エ」は同じように見えます。フォントレベルの違いしかありません。漢字の「口」とカタカナの「ロ」も形だけ見ればほぼ同じ文字です。我々がこれを見分けられるのは前後を併せた文脈として読むからです。つまり高度なAIを使う以外になかったのです。

日本語を学ぶ外国人が日本語の摩訶《まか》不思議さを表すときに、以下の言葉があります。

「今日、3月1日は、祝日の日曜日の晴れた日で、まさに日本晴れです」

この短い文章に「日」という漢字が7つ出てきますが、その読みはすべて異なります。日本人は暗号を使うと言われるのはこれが理由です。

寄せてはいけないデータが存在する

表記が揺れているデータを見ると「一括変換」という言葉が出てきます。そうしたいのは山々なのですが、できない理由は寄せてはいけないデータがあるからです。社名が名寄せできれば登記されている本社住所は通常1カ所です。でもそこに寄せてしまえば、実際にその人が勤務している事業所が分からなくなります。三菱重工の本社は東京都千代田区丸の内ですが、横浜に大きな事業所があり、兵庫県高砂にも、長崎県にも大規模な事業所があります。それぞれの中に研究開発センターや、設計部門、生産技術部門があります。高砂事業所に勤務している人の所在地を丸の内にしてはいけないのです。

同様に大企業は無数の電話番号を持っています。本社の代表電話に寄せてしまえば、本人につながる可能性はほとんどなくなります。代表電話を取る人は営業電話を取り次がないトレーニングを受けているからです。大きな企業は複数のビルに分散したオフィスを持っていることは普通です。部署を異動すれば隣のビルに移ります。しかし、ビルが違うと住所も郵便番号も電話番号も違います。

日本にはメールアドレスを共有している企業や公共機関も多く存在します。これは違う人が同じメールアドレスを使っているわけですから、メールアドレスを「キー」にして名寄せができないことを意味します。

個人でも表記は揺れる

実は、表記が揺れるのは会社名だけではありません。日本では個人名も表記が揺れます。例えば濱口さんがセミナーに参加したとします。珍しい名前ではありません。セミナー後のアンケートに浜口と書いてくれました。しかし受付で渡した名刺のお名前は「濱口」となっています。たった2時間のセミナーで表記の異なるデータが発生します。名刺を正とするか、本人が書いたものを正とするかはあらかじめルールで決めておかなければならないのです。

こうした漢字の揺れは以下のように意外に多く、特殊なケースではありません。「小沢・小澤」「広崎・廣崎」「宝田・寶田」「高橋・髙橋」「九条・九條」などいくらでもいるのです。

渡辺、斉藤といった名前はデータマネジメントに携わる人にとって悩みの種です。何通りの表記があるか分からないからです。

法律をクリアできない

個人情報の保護に関する様々な法律があります。欧州のGDPR（一般データ保護規則）が現在最も厳しいといわれていますが、それ以前は日本の個人情報保護法と特定電子メール法が世界でも最も厳しい法律の一つでした。

どちらもオプトイン（事前同意）を求めているところは同じですが、個人情報の定義や罰則などが異なります。このオプトインや、利用目的の通知、入手経路の開示などに対応するには名寄せされていることが前提です。同じ人が複数存在すれば、メール配信の停止を依頼しても、すべてにフラグが立たない限りメール配信を止めることができません。また特定電子メール法において、オプトインの必要がない場合として「取引先」がありますが、これも個人と企業がひも付いていなければ、取引先かどうかの判定すらできないでしょう。

データマネジメントはプロ集団の力が必要です。それを社内に持つか、外部のプロ集団を活用するかは各社の判断ですが、外部に委託するにしても中に経験者は必要です。

データドリブンとかカスタマーデータセントリックスという言葉はもう20年間言われ続けましたが、その割に社内にプロを育てて来なかった企業が多いのは残念なことです。

第 4 章

フェーズ1　事前準備

4-3

テクノロジー活用レベル

設問：「マーケティングテクノロジーとセールステクノロジーはそれぞれ何が入ってどう連携していますか？」

マーケティング、セールス、そしてカスタマーサクセス、多くの部門にテクノロジー（業務アプリケーション）が入っています。名刺管理ソリューション、CRM（Customer Relationship Management：顧客関係管理システム）、SFA、MA、CMS（Contents Management System：コンテンツ管理システム）、CDP（Customer Data Platform：顧客データ基盤）、DMP（Data Management Platform：データ管理基盤）などで、しかもそれらが、各事業部にそれぞれ数ブランドずつ入っていたりします。

よくあることですが「弊社はまだMAを導入していません」と説明している企業のウェブに、複数のMAのタグが埋められていたりします。これは業務アプリケーションがクラウド化したことで導入価格が圧倒的に下がり、部門予算でも導入できるようになったことの副作用でもあります。システムにはデータが入っています。また他のシステムとつながっています。安価なクラウドソリューションだと外部のサーバーに個人情報が格納されて、第三者であるサーバー管理者も中の個人情報の閲覧や利用ができる規約になっていることがあります。

ＡＩを実装したテクノロジーを使う場合は「学習させない」という設定にしないと自動学習で個人情報を収集されてしまうこともあります。多くのインテントデータはそのようにして生成されます。これもチェックすべき注意点です。

システムが導入されていれば、そのオペレーションをしている人が必ず存在します。横軸のマーケティング組織を再編するときにはこうした経験を持つ人は貴重な存在です。誰が何をオペレーションしていたのかを調査し、可能であればタレントマネジメントシステムに登録しなければなりません。

ＡＢＭを開始するのに、いわゆるＡＢＭソリューションは直ちに必要にはなりません。ＭＡとＳＦＡがすでに導入されているなら、まずそれでスタートできます。日本国内だけであれば専用ソリューションは必要ないかもしれません。しかし、テクノロジーを学ぶことは必要ですし、その専門家を育成することはさらに重要です。

テクノロジーを恐れたり嫌ったりして済む時代は終わったのです。

4-4

ICPとDoVの定義

設問：「自社の価値と、それを求める理想的な顧客プロファイルは定義されていますか？」

マーケティング戦略の基本は「誰に何をどうやって販売するか」ということを明文化することです。

ICP（理想的な顧客プロファイル）は「誰に」の、DoV（Definition of Value：価値の定義）が「何を」の、マーケティング戦略が「どうやって」のそれぞれ答えになります。

ABMは事前にターゲットアカウントを定義するのに、今さらなぜ「誰に？」なのかと思われるかもしれませんが、狙う相手は多くの場合エンタープライズ企業です。

デンソーという自動車部品メーカーがあります。トヨタ系列の会社で、1次請けである「Tier1」の1社と位置づけられますが、世界に多くの巨大な事業所（工場）を持ち、連結ベースで従業員は16万2千人（2024年3月期）、売上高は7兆1千億円（同）です。もしABMのターゲットアカウントをデンソーにしたとして、そのときに狙う事業所や部署、役職、個人などが不明のままではどうにもなりません。

そこで「どの企業のどの事業所のどんな部署で何を担当して、今どんな課題で困っている人たちですか？」というＩＣＰを定義するディスカッションがどうしても必要になるのです。

そして「誰に」を決めるときに必要なことは、「何を」というＤｏＶを定義することです。何を売るのかを定義しなければ誰に会うべきかは分かりません。すべての製品やサービスを司る人など存在しないのです。

もし、このＩＣＰとＤｏＶが定義できていないなら、ＡＢＭの準備に取りかかる前に

「ターゲットアカウントに選定した企業にとって、まだ知られていない自社（事業・商材）の価値（ＤｏＶ）はなんだろう？」

という設問に対して、徹底したディスカッションをすべきです。

4-5

コンテンツ制作能力

設問：「自社の価値を伝えるためのコンテンツを十分な量と質で制作する能力はありますか？」

ＡＢＭがデマンドジェネレーションの進化形であるのは、コンテンツについても同じです。通常のデマンドジェネレーションよりもさらに尖ったコンテンツが必要になるのです。ＡＢＭの成否は制作するコンテンツの量と質にかかっています。質だけでなく、量も必要なのです。

このコンテンツは顧客を知らないとつくれません。特にターゲットアカウントを既存顧客にした場合は、その顧客を担当するアカウントセールスチームとコンテンツの制作チームが極めて緊密な関係を築けているかが重要です。コンテンツのアイデア会議、コンテンツのチェックと修正、最終的な決定までが現場のストレスなく行われなくてはならないからです。

先進国のＡＢＭ成功事例を見ると、ターゲットアカウントのキーパーソン1人に特化したメール、その人だけのランディングページ、そしてその人専用のフォームまでを用意することがあります。私は、日本人的にそこまでカスタマイズされた内容でコミュニケーションされるのは、かえって気持ちがよくないと考えていますが、しかしＡＢＭとはそこまでリソースを投入すべき戦略なのです。
その質の高い、カスタマイズされたコンテンツを量産する制作体制をチェックする必要があります。月に何回のコミュニケーションをするかを決めて、そのコンテンツ制作をシンプルにガントチャートに落とせば、どのくらいの仕事量になるかを類推することは難しくありません。私はこのチェックをして、クライアントの経営幹部に次のように説明する場合があります。

「この体制でＡＢＭをスタートすると、６カ月以内にほとんど全員が退職するか入院するかですね」

もちろん、簡単にスタッフを増員できないのが日本企業です。そこで私が解決方法として提案するのが、作業は外に出しましょう、ということです。ＡＢＭチームの仕事は大きく分けるとコンテンツ制作のような「クリエイティブ」なものと、時間と人手が必要なだけの「作業」に分けることができます。その作業を外部のプロチームに委託する方法です。これなら予算を確保すればいいだけです。顧客を知るアカウントセールスチームとの緊密なコミュニケーションを外部に委託することは難しいですが、作業はむしろ外のプロに出したほうが早く、安く、うまくやれることが多いのです。逆に「オペレーション業務（作業）に追われてコンテンツに十分なリソースや時間を割けていません」というのは本末転倒です。

「コンテンツイズキング」であるならキングに相応しい体制をつくるべきです。

4-6

アカウントセールスとの連携体制

設問：「アカウントセールスはABM実施においてマーケティングやものづくりと連携する準備はできていますか？」

ABMは全社戦略ですが、まず強く連携すべきは営業とマーケティングです。このように理屈では分かっていても、そう簡単ではありません。日本の大企業の多くは営業に案件を供給するデマンドジェネレーションという仕組みを持った経験がありません。ですから日本企業の中でマーケティングといえば、多くは広報・宣伝広告か、リサーチでしょう。いずれにしても営業活動とは遠い存在ですから、日本企業のほとんどの営業職はマーケティングと連携した経験がありません。経験のないことを最初からうまくできるほうが珍しいのです。

しかし、ABMはこの営業とマーケティングのかなり強い連携を求めます。

「アポイントが取れたので後はよろしく」というのはデマンドジェネレーションです。ABMはこんなレベルでは成功しません。

そこで連携体制になります。ABMのためのクロスファンクショナルチームを立ち上げて、この中に営業、マーケティング、エンジニアなどを入れて実施することも重要です。ABMはマーケティングキャンペーンではないのです。

営業とマーケティングの視座の違いを理解する

営業との緊密な連携を考えるなら、視座の違いを理解する必要があります。

「視点」とは見ている先を指す言葉です。「視座」とはどこから見ているかを指します。実は同じものを見ていても視座が異なればまったく違う景色に見えるものです。

ABMは多くの場合、既存の重要顧客にフォーカスします。既存の大口顧客は企業の誰から見ても大切であり、その顧客からの受注を伸ばしたり、競合を排除したりできれば、営業にとってもマーケティングにとってもものづくりや経営幹部にとってもハッピーなはずです。では、そのうれしい目標に向けてマーケティングと営業が連携することがなぜ難しいのでしょうか。この答えはそれぞれの視座の解像度を上げないと見えてきません。

基本的に営業は販売予算を背負っています。

「自分は今年いくら受注しなくてはならないのか？　そのためには半期で、四半期で、今月は？」

このように常に数字が頭から離れることはありません。多くの企業では営業のフォーキャストミーティングは毎週行われます。言い換えれば営業は毎週予算の達成見込みで詰められるのです。

その数字を背負った営業からすれば、買ってくれるかどうか分からない相手に会うのは「時間の無駄」となります。それは担当している重要顧客であっても同じことなのです。買ってくれない事業所や部署、特に競合と信頼関係を築いてしまっているように見える部署は足が遠のくものです。それは時間の無駄に感じるからです。そこに行くなら、購入してくれている事業所や部署に行ったほうがよいのです。思わぬ提案のチャンスがあるかもしれません。

商材についても同じです。営業にとって売れるかどうか分からない商材を売りに行くのは「時間の無駄」に見えてしまいます。そんなものを売るなら、買っていただいた実績のある商材を売りに行ったほうが確実に数字を積むことができます。それにもしあまり売った経験のない商材を提案して質問に答えられなければ顧客からの信用を失うかもしれません。そんなリスクを冒す必要はどこにもない、と考えても不思議はないのです。

これが、企業が既存顧客向けに新製品や新サービスを投入しても営業の動きが悪い理由なのです。

では、マーケティングの視座から見るとどうでしょうか？　基本的にマーケティングは企業のスタッフ部門になりますから、企業や経営層の意思を受けて戦略立案をします。開発費を掛けてリリースした新商材は売らなければなりませんし、M＆Aで手に入れた商材であればなおさらです。どちらも財務諸表に資産として計上されていますから、絶対に売らなければならないのです。

マーケティングが経営層の意を受けて新製品や新サービスの案件をつくっても、営業が熱心に追わなければ結局受注できません。そしてマーケティングと営業の溝は深まります。

同じ点を見ていても視座が違えばこうしたことは頻繁に起こります。

では、どうしたらよいのでしょうか？

私は同じ視座を期待しないことだと考えています。営業が自分の数字にこだわり、フォーキャストを常に念頭に置くのは素晴らしいことです。達成意欲の高い営業は企業の宝です。だから、彼らに他の事業部に行くことを強制してはいけないのです。売ったことのない商材を売ることを強制する意味はありません。

そうではなくて、他の事業部から呼ばれる状態をつくるのです。「相談に乗ってください」と言われてそれでも忙しいから嫌だというなら、他の営業に渡せばよいだけの話です。でも、その営業がクロージングしても「私の担当顧客だから返せ」とは言わせないルールが必要です。

営業は自分の数字を最優先に考えます。マーケティングがつくった案件が予算達成の役に立たないとなればそれをフォローするのは余分な仕事になります。それをフォローして自分の数字が未達に終わったとき、「不慣れな土地勘のない事業所を訪問し、不慣れな商材を売ろうとしたから」という言い訳は通りません。

ならば、営業の数字達成に役に立つ案件を見つければよいのです。つまり通常のデマンドセンターより深く尖ったコンテンツをつくり、キーパーソンがどんな課題を持ち、その解決を図りながらどこで行き詰まって情報を収集しているのか、そして自社のこの商材はその課題解決には必ず役に立ち、検討している競合の商材とはここが違う、という資料までつくって営業に渡すのです。

こうした、営業を通して顧客の課題解決に貢献する姿勢がＡＢＭではとても重要になります。

あなたの会社の営業とマーケティングの距離間はどうでしょう？　ここも重要なチェックポイントです。

第5章

フェーズ2
戦略立案

チェックリストの項目が埋まったらいよいよABM戦略の立案（設計）に入ります。ここが最も重要なプロセスです。戦略の間違えは戦術ではカバーできません。ターゲットの選定や、その基準となるDoVの定義を間違ったら、何をやっても無駄に終わって振り出しに戻るしかないのです。

そして、ここがBtoBマーケティングの醍醐味でもあります。変数が多い分、創意工夫次第でいくらでも競合優位性をつくり出せるのです。

5-1

ＡＢＭの方針決定

第5章では、戦略立案のプロセスを解説します。その全体像は図表5-1の通りです。この5-1では「ＡＢＭの方針決定」について解説します。

最初に自社のＡＢＭをワン・トゥ・フューにするか、ワン・トゥ・メニーにするかを決めます。ＡＢＭといっても一つではありません。１社に絞ってスタートする「ワン・トゥ・ワン」、２社から30社に限定して行う「ワン・トゥ・フュー」、31社以上の多数に対して展開するワン・トゥ・メニーというパターンがあることは、2-2で説明しました。ＡＢＭが普及した初期に米オラクル（Oracle）やＩＢＭが展開したのは「ワン・トゥ・ワン」でした。極めて詳細なタッチポイントの解析をマッピングしたワークショップを見たことがあります。また２０１０年代の後半にマイクロソフトがクラウドサービスのAzureを商材として展開して大きな成果を上げたＡＢＭはワン・トゥ・メニーでした。

自社が直販営業の場合と、販売代理店を活用する場合においては、顧客によってそれらのハイブ

■ 図表5-1　戦略立案のプロセス

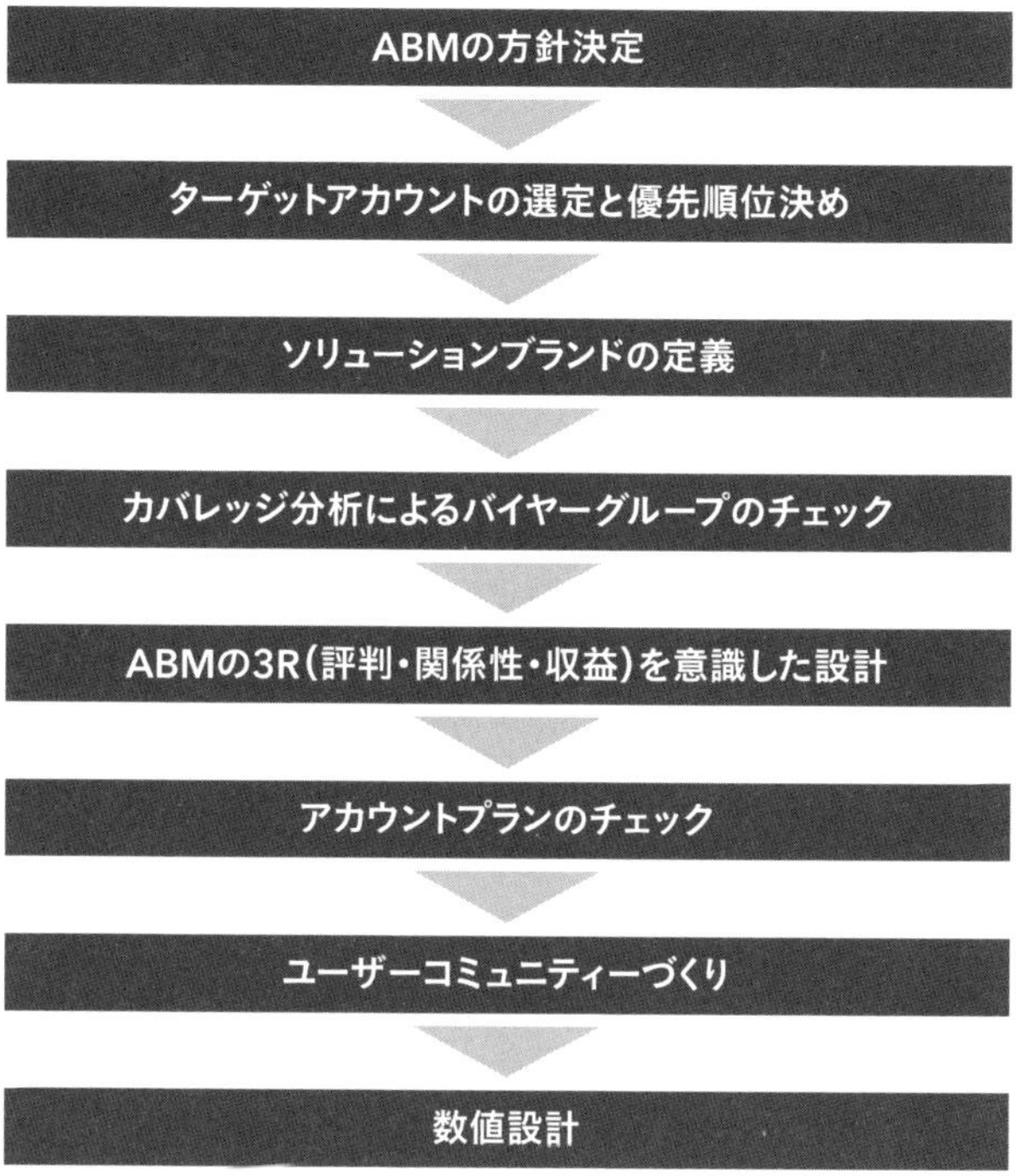

リッドにするケースがあり、こうしたことも考慮すると複数タイプのＡＢＭが存在します。さらに、自社の業界内でのポジションや商材の競合優位性を加味して、どのスタイルのＡＢＭを採用するかを決めるためにも、事前の考察はとても重要です。ここを省略して自社に合わないＡＢＭを選択してしまうと成果の出ない戦略で多くの関係者が消耗戦を戦うことになります。

この考察は主に自社のリソースに対して行われます。「顧客基盤」「営業基盤」「商材の競合優位性」をそれぞれ見ていきます。この組み合わせの中に答えがあります。

顧客基盤

顧客基盤とは自社の顧客ですが、まず「顧客」という言葉の定義をそろえないと話が始まりません。

ＢｔｏＢマーケティングは「科学と感性のバランス」がとても心地良いと私はよく話します。顧客という言葉を「大切な存在」「会社のエースが守っている重要な取引先」という定性的な表現で語るのが感性なら、「3年以内に入金のあった取引先」「年間○○円以上の受注がある取引先」「メンテナンス契約をいただいている取引先」「ＡＲＲ（年次経常収益）○○円以上の取引先」と定量的に定義して語るのが科学です。コンテンツは感性でつくらないと人の心に響きませんが、マーケティングの設計は科学で行うべきなのです。この科学と感性の思考回路の切り替えがＢｔｏＢマーケターの特徴でもあります。

ＡＢＭの設計ではここを定量的に定義する必要があります。定性的な定義では人によって違いが出るからです。販売しようとするソリューションや商材に対して最も相関の高い特徴を定量的に定義する作業です。

財務的にいえば1～3年以内に入金がなければ顧客から外れるかもしれません。しかし工作機械などでは製品の平均利用期間が10年を超えるものは普通に存在します。営業やメンテナンスから見れば自社製品ユーザーですから「顧客」になります。

この言葉の「定義合わせ」も基本設計の重要なミッションです。

例えば寿命の長い工作機械や検査機器などであれば、メンテナンス契約のあるユーザーを「顧客」とするケースもあります。顧客の定義はマーケティング部門が主体となって営業部門と話し合って決めるべきですが、ここは全社でそろえるほうが後で便利です。

日本企業の多くは複数の事業の集合体ですが、経理や財務は統合されていて一元的に全社の取引を見ています。取引実績から割り出して「顧客」を定義するなら財務部門に協力してもらうとよいかもしれません。自分の事業部の製品は競合に取られてしまったとしても、他の事業部や連結ベースの子会社とは良好な関係を持っていることも珍しくないのです。

顧客社内の網羅性のチェックも必要です。ＩＴ産業の中心的存在である「システムインテグレーター（ＳＩ）」は、顧客の基幹システムやさまざまな業務システムを構築し、また社員を顧客先に常駐させるなどしてインフラやデータを管理しています。その意味では盤石な顧客基盤を持っているといえそうですが、網羅性で見るとそうでもないのです。多くは情報システム部門だけを強くグリップしており、ほかは極めて手薄です。

特に業務システムには必ずユーザー部門がいます。人事給与システムなら人事部門、会計システムなら経理部門、物流システムなら倉庫や輸送子会社です。ＭＡ（マーケティングオートメーション）ならマーケティング部門で、ＳＦＡ（Sales Force Automation：案件管理システム）なら基本的に営業部門になります。日本のＩＴ企業が顧客のユーザー部門をケアできていなかったことが、これらの部門でクラウド型の業務アプリケーションパッケージが普及した理由でもあります。もし日本のシステムインテグレーターが網羅的に顧客の各部門をグリップできていたら、外資系のクラウドベンダーはもっと苦戦したことでしょう。

まず「顧客」を定義し、それは何社存在するのか、どのくらい網羅的に取引しているのか、などの要素からこの「顧客基盤」の強さを分析します。

営業基盤

ＡＢＭのターゲットとなるターゲットアカウントを守っている営業の量と質です。もちろん営業部門だけでなく、顧客を訪問する技術営業、カスタマーサクセス部門、メンテナンス部門、販売代理店の営業などまでを含めた量とその質を計測する必要があります。量は人数であり、それを月で見るか日で見るか時間で見るかも重要です。あまり細かく見ると訳が分からなくなりますから、私は月（人月）を使うことにしています。

質は、専門知識と顧客からの信頼です。専門知識はその商材に関わった期間、販売した数や金額で類推することができます。ＢｔｏＢはプロフェッショナルの世界です。やはり何といっても経験がものを言います。質を数値化するのは難しいのですが、商材の専門知識をその商材を担当した期間（社歴）で、顧客との関係性をその顧客を担当した期間として仮に数値化することが可能なのです。

ＡＢＭの場合コンテンツをターゲットアカウントに合わせてカスタマイズしますから、その結果として初回の訪問からかなり突っ込んだ内容のやり取りになる特徴があります。ここに専門知識を持たない若手を行かせると案件を潰《つぶ》し、顧客からの信頼を失いかねません。ＡＢＭをスタートする前に営業基盤の点検と再配備を推奨する理由は、最初の訪問がとても重要なプロセスになるからです。もしそうした専門知識を持った営業が十分に手配できない場合は、初めての訪問からエンジニアを同行させるようにします。高い専門性を持った人を最初から訪問させることは顧客に対して「本気です」というサインにもなるのです。

商材の競合優位性

営業と話していて、意外に出てこないのがこの「商材の競合優位性」です。いつも購買に高い高いと言われている営業からしたら、自社の製品やサービスの優位性を忘れてしまうものなのです。でも、販売している商材に「強み」が存在しないのであれば顧客は発注しないでしょう。「付き合いが長いから」とか「他から引くのはめんどくさいから」というのが購買してくれている理由だと自嘲気味に説明する営業がいますが、もしそれで売れているなら立派な「価値」です。そしてそれに磨きを掛けるべきなのです。

現代では競合優位性は単品ではつくりにくいものです。また新製品などで一瞬の優位性はつくれても競合も対抗してきますから長く維持することは難しいのです。そこで私は複数の商材の組み合わせで競合優位性をつくり出すことを推奨しています。3つの製品とアセスメントとメンテナンスの2つのサービスを組み合わせて商材をつくれば、競合はその5つの要素を同レベルでそろえないと対抗できません。自社の製品やサービスだけでなく、パートナー企業の技術やサービスも組み込めばさらに要素が複雑になり、商材の競合優位は強く、そして長く維持できるようになります。

同じ会社の事業部の異なる製品やサービス、技術を組み合わせて商材にできるところもＡＢＭの特徴です。

かつて米ＧＥ（General Electric）がジェット旅客機を購入する航空会社に対する戦略で、火力発電所のタービンや原子力発電所の制御の技術を組み合わせてジェットエンジンの遠隔モニタリングサービスを開発して大きくシェアを伸ばしたのも、こうしたＡＢＭ戦略といってよいでしょう。そのＧＥに対抗するために、英ロールス・ロイス・ホールディングス（Rolls-Royce Holdings）がマイクロソフトとアライアンスを組んでジェットエンジンのサブスクリプション販売に踏み切ったのも、大手航空会社という限定されたターゲットのシェアを争うためのアライアンスから成るＡＢＭ戦略です。

多くの顧客を持つ商材と相性がよい他事業部の製品やサービスの組み合わせはＡＢＭで展開するのにとても向いています。

冬の暖房用燃料として旅館や飲食店に灯油を販売していた企業がありました。顧客は建物の裏手に灯油タンクを持っていますから、そこにタンク車で配達するバルク供給というスタイルです。顧客のタンクにセンサーを埋め込んで電話回線を使って遠隔監視し、ある程度減ったら依頼がなくても供給するサービスを持っていたこの会社が、他の事業部が販売しているプロパンガスにも同じ遠隔監視サービスを導入し、ガスと灯油が切れないようにモニタリングするサービスで顧客からとても喜ばれたことがあります。この企業はＡＢＭでターゲティングしたリゾートホテルや大型旅館などに対して、遠隔監視サービスに器具の安全点検、リニューアル工事、省エネ推進と拡大し、重要顧客との関係をさらに強いものにしていきました。

持っている顧客基盤と営業基盤、そして商材の競合優位性を積み木のように何通りも組み合わせながら考えていくと自社に最適なＡＢＭが見えてくるものです。

5-2
ターゲットアカウントの選定と優先順位

まずＤｏＶ（Definition of Value：価値の定義）を定義します。これは製品やサービスの特徴だけではく、経営戦略の根幹に関わる部分です。つまり企業の進む方向と合致していなければならないのです。企業の経営資源は有限ですから、バラバラに走っては勝てる可能性がどんどん下がるでしょう。

例えば電子部品メーカーが、顧客から見た自社の価値をとことん議論したところ、自社の製品が選ばれている理由が「安定供給能力」だったとします。

議論の中で生産技術部門は「技術力」と主張し、研究開発部門は「特許」と説明し、技術営業部門は「営業のフットワーク」だと考え、営業部門は「長い付き合いの歴史」だと説明しましたが、顧客ヒアリングとその後の議論でこの事業部のＤｏＶは「安定供給能力」だと結論が出ました。

これをＤｏＶと定義するならこの企業がやるべきことは2つです。

■ ＤｏＶを徹底的に磨く

一つは、この「安定供給能力」を徹底的に磨き上げることです。ＤｏＶで競合に負けることはあっ

■ 図表 5-2　ICP、TAL、EA の関係

TALはEAを、ICPはTALを包含する

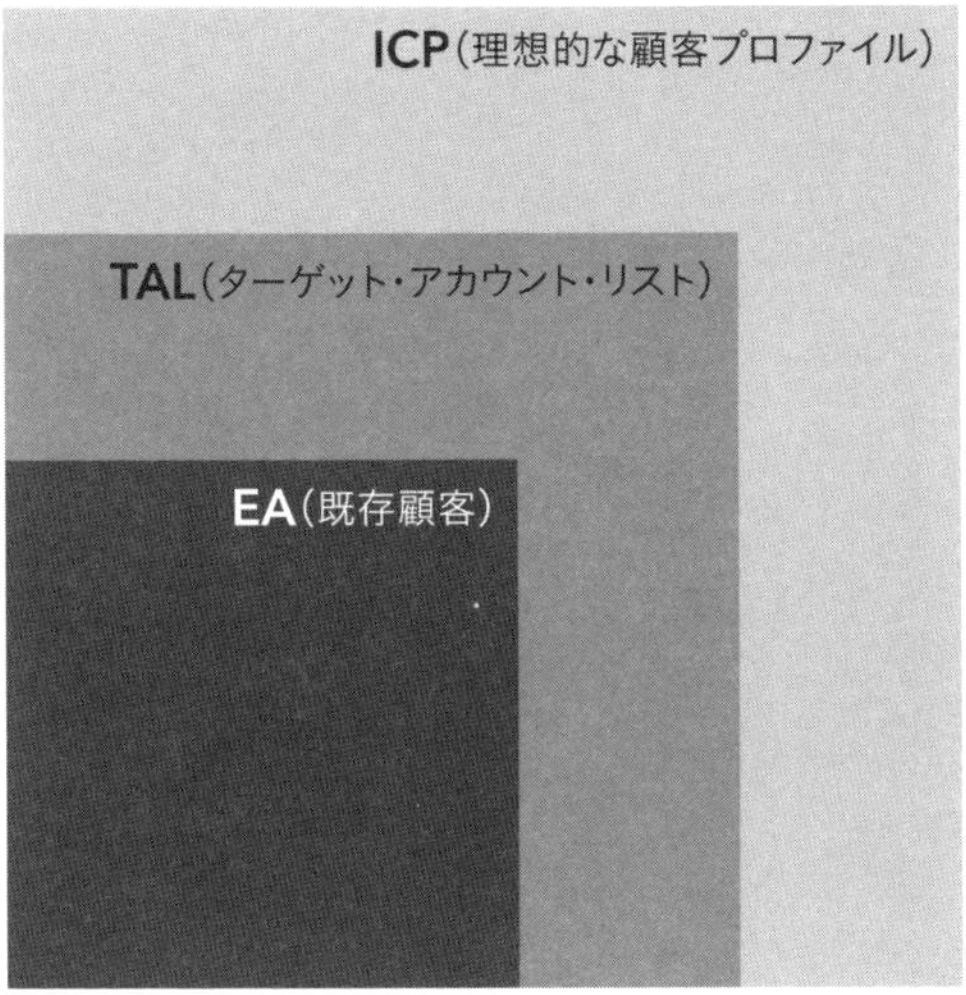

てはなりません。それは顧客や市場を失うことを意味するからです。ですからもう一度、競合に比べて安定供給が実現できている理由を調べ上げ、その一つ一つに磨きをかけることです。同じデバイスを生産している工場が2カ所あって、地震などの災害時でも供給できることに顧客が魅力を感じているなら、それぞれの工場の地質や、他の自然災害も想定して、必要であれば移転も考えることです。また生産設備がダメージを受けてから復旧するまでの間の在庫を確保しておくことも重要なことです。その在庫の場所も生産設備から離れていれば同時に被災するリスクを軽減できます。

さらに物流システムがあります。サードパーティーに依頼しているデリバリーを、物流会社に資本参加することでコントロールを強めたり、買い取ってグループ企業にしてガ

バナンスを強化したりすることもできます。

ＤｏＶを磨きに磨くことです。

■ＤｏＶとフィットするＩＣＰをリストアップする

二つめは、この安定供給能力というＤｏＶに最も魅力を感じている企業をＩＣＰ（Ideal Customer Profile）は「理想的な顧客プロファイル」としてターゲットアカウントを選定することです。このＩＣＰはＥＡ（Existing Account：既存顧客）の中にも存在し、ＴＡＬ（Target Account List：顧客・見込み客）の中にも存在し、さらにまったくリーチしていない企業にも存在します。これを図式化すると図表5-2のようになります。

このＩＣＰをリストアップするときにリサーチが必要になります。顧客ならはっきり見えています。見込み客ならある程度は見えているかもしれません。しかし、まったくケアしていない企業はデータを収集し、イマジネーションを働かせて探すしかありません。

製造業であれば自社のラインを止めたくないのはどこも同じです。しかし、ラインを止めることが倒産に直結するほどの致命傷になる企業は多くありません。例えば自動車産業でもトヨタはカンバン方式というパーツ在庫を持たない生産方式で生産性を極大化しています。アッセンブリーメーカーであるトヨタが在庫を持たないということは、パーツを供給するサプライヤーから供給が止まればトヨタの生産ラインが止まることを意味します。ネジ1本不足してもラインが止まり膨大な損失になり、その責任を問われ、最悪は取引停止になります。これはサプライヤーにとっては倒産に直結する致命傷なのです。

そのトヨタをティアゼロとするオートモーティブのティア1からティア4くらいまでの企業は、それぞれ自社の供給先のラインを止めないために安定供給を約束しています。つまり6万社といわれるトヨタのサプライヤーの大半はこの「安定供給」というDoVを必要としていることになります。

ICPの中からABMのターゲットアカウントを選定する

このICPの中からABMのターゲットアカウントを選定します。例えばワン・トゥ・フューで20社、その中の6社で初年度のパイロットプランをスタートする、という形で定義しなければなりません。その決め方はやはりデータに基づいて選定することになります。ターゲットアカウントのターゲット事業部のターゲットペルソナにコミュニケーションするためのメールアドレスなどの個人情報がなければスタートできません。日本国内でスタートするなら、日本の法令を遵守してデータを収集しなければなりません。

私が、ターゲットアカウントは既存顧客から選定することが圧倒的に多いというのはこれが理由です。

もし、既存顧客以外のICPをターゲットアカウントにしたいならまず個人情報を収集するプログラムを走らせて、ある程度収集できたらターゲットアカウントに加えるようにすべきでしょう。

5-3

ソリューションブランドの定義

多くの日本のエンタープライズ企業は多くの製品やサービスラインを持っています。その中にさらに多くの製品があり、全体では数え切れないほどの商材を持っています。その一つひとつについてSTP（Segmentation, Targeting, Positioning）を実行したり、マーケティングしたりなどできるはずがありません。でもそんな必要はないのです。

顧客は自分たちの課題を解決したり、生産性をアップしたり、リスクを軽減できるものを常に探しています。顧客の課題を解決する「ソリューション」を複数の製品やサービス、ノウハウなどを組み合わせてつくるのです。

ABMで既存顧客をターゲットアカウントに選定した場合、企業ブランドを高める必要はありません。長い付き合いの中で既によく認知しているからです。製品ブランドは数が多すぎるので認知させるのは不可能です。企業は自社の製品に名前を付けますが、顧客がそれを覚えていることはまれで、多くは社名と製品カテゴリーで認知します。それは電子デバイスからソフトウエア、サーバーなどでも同じです。

新たに認知してもらう必要があるのは「ソリューションブランド」です。顧客に「この状態になったら自分たちに相談するのが課題解決に対して最も正しい行動」であると認知してもらうことです。顧客が課題を解決した事例を社内で収集しなければなりません。それを多く集めて素材としてコンテンツチームに供給するのです。

5-4

カバレッジ分析による バイヤーグループのチェック

ＢtoＢマーケティングはＭＱＬ（Marketing Qualified Lead：マーケティング活動によってつくられた案件）からバイヤーグループを意識しなければならない時代に入っています。これは、ＡＢＭのターゲットアカウントに選んだ企業に所属する個人データを数多く保有しなければならないことを意味します。また単に数多く持っているだけでなく、その事業所・部署の分布、部署×役職（ここでは職位および役割の意味）での分布も把握する必要があります。

そこで使われるのはカバレッジ分析です。まず部署の分布についてのカバレッジ分析の典型例は図表5-3のようなものです。

さらに、部署×役職についてのカバレッジ分析も行います。それには、数多くある役職を分類しなければなりません。日本企業の役職は非常に多く、大企業の中には職位だけでも百を超えるケースがあり、分類はとても難しいのです。部長というのは分かりやすいのですが、部長代理と副部長と次長の序列は企業によって異なったり、曖昧だったりします。

■ 図表 5-3　カバレッジ分析（部署）

ABMカバレッジイメージ

バイヤーグループ / ターゲットアカウント	経営企画	設計部門	設備部門	購買部門	その他
AAA株式会社					
BBB株式会社					
CCC株式会社					
株式会社DDD					
株式会社EEE					
株式会社FFF					

■ 図表 5-4　カバレッジ分析ヒートマップ（職位）

ABMカバレッジイメージ

バイヤーグループ / ターゲットアカウント	経営企画			設計部門			設備部門			購買部門			その他		
	C	M	S	C	M	S	C	M	S	C	M	S	C	M	S
AAA株式会社															
BBB株式会社															
CCC株式会社															
株式会社DDD															
株式会社EEE															
株式会社FFF															

■ 図表 5-5　カバレッジ分析（部署×役割）

ABMカバレッジイメージ

バイヤーグループ ＼ ターゲットアカウント	経営企画			設計部門			設備部門		
	エコノミカルユーザー	テクニカルユーザー	オペレーショナルユーザー	エコノミカルユーザー	テクニカルユーザー	オペレーショナルユーザー	エコノミカルユーザー	テクニカルユーザー	オペレーショナルユーザー
AAA株式会社									
BBB株式会社									
CCC株式会社									

そこでシンフォニーマーケティングは二つの分類を推奨しています。

一つは職位をざっくり括《くく》る方法です（図表5-4）。本部長、執行役員、役員を「Cクラス」、課長補佐から課長、次長、部長までを「Mクラス」、課長補佐未満（係長、主任など）は「Sクラス」として分類します。

もう一つは役割での分類です（図表5-5）。例えば工作機械の場合、日々現場でその機械を操作している人を「オペレーショナルユーザー」、その機械の選定の主担当としての役割を果たし、購入に当たっては稟議書《りんぎ》を書く人を「テクニカルユーザー」、オペレーションもしないし、専門知識もそれほど持っていないが、お財布を握っている承認側の人を「エコノミカルユーザー」と分類する方法です。

この方法は分類が難しく、既存顧客で、担当営業が存在しないとなかなかできないのですが、これで分類したときはそれぞれの役割が明確に分かっていますからコンテンツの制作がとてもやりやすいというメリットがあります。

5-5

ABMの3R（評判・関係性・収益）を意識した設計

ABMを最初に定義したアナリストファームであるITSMA（現Momentum ITSMA）は、ABMの要諦を「3R」と表現しました。もちろんこれらはすべて「ABMのターゲットアカウントとの」という枕詞が付きます。これらを考慮してABMを設計しなければ、長期的に成功できないということです。

3つのRについて順に解説します。

Reputation：評判

ターゲットアカウントからの評判です。ABMでスパムメールやコールドコール、リターゲティング広告を使うべきではないという根拠はこれです。嫌われる行為は可能な限り排除してコミュニケーションすべきなのです。どこの企業にもありますが、電話を取り次がないリストがあって、代表電話を取る人に代々引き継がれています。私の会社も社歴が長いので長い「取り次がないリスト」が存在し、そのリストに載った企業からの電話が私や役員に回されることはありません。

メールも削除や配信停止のような明示的な対応は今では少数派で、多くはメーラーのフィルタリングの機能を使ってゴミ箱に自動的に振り分けられます。MAのメール配信機能が便利だからとスパムもどきのメールを多く配信すると、フィルターで排除されますから、二度と送り先に開封されることはありません。最新のアドテクノロジーを活用したリターゲティング広告も好きな人はいないでしょう。一度何かを検索したりウェブページをクリックしたりしたらしつこく出てくるので、私は「濡れ落ち葉」と呼んでいます。

ＡＢＭのターゲットアカウントからの評判は高いほうがよいのですが、いくら営業やカスタマーサクセス、サポート部門が頑張っても、マーケティングが足を引っ張って評判を落としてはどうにもなりません。ＡＢＭには嫌われる手法は禁物なのです。

Relationship：関係性

関係性には、企業と企業、部署と部署、個人と個人があります。企業として取引があるのか、過去に遡って何をいくらくらい購入いただいているのか、という対企業との関係を調べること、そしてどの部署とどの部署がどういう密度と金額で取引しているかという部署ごとの関係性の整理、そして個人が誰とどういう関係性を持っているかの人脈マップです。こうした二重、三重の関係性を整理することはコミュニケーションの設計をするうえでとても重要です。

Sansanという企業の名刺管理ソリューションのコマーシャルで、コンタクトしたいと四苦八苦している先方のキーパーソンと知り合いの社員が登場して

「それ早く言ってよお」

という決め台詞で終わるシリーズがありました。

私は同じような光景を、ＡＢＭの関係性を解き明かすミーティングで何度も見ています。

Revenue：収益

ＣＲＭ（Customer Relationship Management）とは「顧客関係管理」と訳されます。関係とは「購買履歴」のことです。いくらいいと言ってくれても購入してくれなくては顧客ではないのです。街の食堂で、味に文句ばかり言っている常連さんがいます。他に外食できる店はいくらでもあるのに頻繁に来てくれるということは口先とは違って立派な顧客なのです。

特にＢｔｏＢにおいては感情的な要素が入る余地が少ないので、購買履歴は信頼性の証になります。しかし、もし原価を割り込むような価格でしか買ってくれないなら、それは大切にすべき重要顧客ではありません。


「安くするなら買ってやる」

「〇〇より安い価格を提示するなら購入する」

こんな関係は、少なくともＡＢＭのターゲットアカウントにすべき関係ではないのです。顧客とは、自分たちの企業が健全に生存できる収益をもたらしてくれる顧客なのです。そういう意味では、売り上げだけでなく売上総利益（粗利益）で比較することも、とても大切なポイントです。

売上総利益で比較して、売り上げの上位3社が利益率が低いという理由でＡＢＭのターゲットアカウントから外れるということは珍しくありません。それは相手には分からない社内の選定ですから、その後の取引には何の問題もないのです。

5-6

アカウントプランのチェック

ＡＢＭのターゲットアカウントはほとんどの場合、既存顧客から選定すると前述しました。それも大口のお得意様、つまり重要顧客です。そうであれば、アカウントセールスチームが存在し、彼らはアカウントプランをつくっているはずです。顧客のニーズ、予算、実績などを加味して、顧客ごとの売り上げをプランするもので、これの積み上げが売り上げ予想としてＩＲ（投資家向け情報）などで発表されることがあります。

このアカウントプランをマーケティングも理解しなくてはなりません。実は営業部門が作成するアカウントプランをマーケティング部門は見ていないことが多いのです。それはデマンドウォーターフォールの中で、営業のアカウントプランはＳＧＬ（Sales Generated Lead：営業活動の中でつくられた案件）として表記され、これとマーケティング由来のＭＱＬから営業が受け入れてくれたＳＡＬ（Sales Accepted Lead）の合計が、パイプラインで管理されるＳＱＬ（Sales Qualified Lead）となっているため、マーケティングが意識する必要がなかったからです。

しかしＡＢＭではそうはいきません。営業がどの事業部のどの部署に何を販売しようとしているのか、なぜなのか？　いくらなのか？　競合はどこなのかを知らなければ受注確率を最大限にすることはできません。

ＡＢＭは重要顧客と最良の関係を構築するものです。最良の関係とは飲んだりゴルフに行ったりすることではなく、課題解決に貢献することです。最も多くの、最も重要な課題の解決に貢献したベンダーが顧客から見て最も重要なベンダーであり、最良の関係を築くことができるのです。

5-7

ユーザー会の未来形

ＡＢＭではユーザー会の存在も大きく変化します。ターゲットアカウントとの関係性は他のユーザーとは別のものにしなければならないからです。

多くの日本企業はユーザー会を持っています。顧客を大切にするのは日本企業の伝統ですから、担当者を対象に懇親会付きの勉強会を開催したり、年に1度はホテルの大広間にユーザーを招待して、大口の顧客の幹部は翌日のゴルフに招待したりします。このような施策は外資の業務アプリケーションベンダーも盛んに行いますが、日本のメーカーもリソースを割いてしっかりやっています。

しかし私はＡＢＭを展開するならこれでは不十分だと考えています。ユーザー会ではなくユーザーコミュニティーをつくるべきだと考えているからです。

対象が1社のワン・トゥ・ワンの場合でも、事業部ごとに担当者がいるような商材なら社内にユーザーコミュニティーをつくるべきだし、関連会社まで含めたワン・トゥ・フユーやワン・トゥ・メニーならなおのことユーザーコミュニティーは必須の存在です。

２０２４年に友人の小島英揮氏が代表理事を務め、小笹文氏も理事になっている一般社団法人コミュニティマーケティング推進協会と早稲田大学とシンフォニーマーケティングの産学協連携で、BtoBマーケティングの特別講座を開設しました。それは、日本のユーザー会や販売代理店会がもう30年も進化せずに相変わらず、旧態依然の形から抜け出せていないと考えたからです。

日本企業の、営業がずらりと並んで出迎え、経営幹部の歯が浮くような挨拶を延々と聞かせるようなユーザー会と、かつて小島さんが主導してつくった、AWS（アマゾン・ウエブ・サービス）のJAWS-UG（AWS User Group - Japan）と呼ばれるユーザーコミュニティーを見比べると、ショックを受けるほどに別の世界であり、参加している人の帰属意識や、コミュニティーへの献身的な態度の違いに驚かされるからです。

それは小島氏がよく言う次の言葉に象徴されています。

「コミュニティーに売ってはいけない。コミュニティーを通して売るべきだ」

コミュニティーは営業と顧客の販売の場ではなく、顧客が購入した製品やサービスをいかに使い倒して成果を上げるか、その成果をレポートするか、会社に対してアピールするかをシェアする「場」なのです。もし導入を迷っている人がいればユーザーとしてアドバイスでき、稟議書の書き方で困っていれば自分の経験をシェアすることもできるでしょう。

そういう意味では、このユーザーコミュニティーはオーガナイズし過ぎると逆効果なのです。オンラインでも、オフラインでも事務方の役割は重要ですが、それは管理することとは違うのです。

1980年代後半から90年代にかけて、私はパソコン通信ニフティサーブのヘビーユーザーでした。ニフティサーブはインターネットが普及する前に生まれた電話回線によるテキストベースのSNSです。その中にはフォーラムというコミュニティーが数百も存在し、趣味、ビジネス、PCなど共通の話題を話し合える「場」として賑わっていました。一つのフォーラムには約20個の電子会議室と呼ばれる掲示板があり、ボードリーダーはいましたが、基本的にボランタリーベースの運用で、初心者をナビゲートする係、ケンカの仲裁、ややこしい質問に答える担当などが運営スタッフになっていました。電話回線を使うので、通話料とニフティのユーザー課金の両方がかかり、私は多い月で10万円以上を支払っていたと記憶しています。

私は新型のMacを購入するときはマックユーザーズフォーラムで相談し、NECのPDA（携帯情報端末）であるモバイルギアを発売直後に購入してニューヨークの出張に行ったときには、海外からのCompuServe経由でのアクセス方法をNECユーザーズフォーラムの中にあったモバイルギア専用会議室で教えてもらいました。さらに、モンゴル帝国の歴史は世界史フォーラムの中で遊牧民の専用部屋だった「草原部屋」で、そして本業のマーケティングについてはマーケティングフォーラムやビジネスインキュベーションフォーラムで熱く語っていました。

お金と時間を投資すると、そのコミュニティーは自分にとって大切な「場」になり、そこで出会った友人たちは掛け替えのない人的ネットワークになりました。治安を乱したり、むやみにマウントしたりする人を見つけたときには退会してもらうのもスタッフの重要な仕事でした。

一方的に情報を求め、コミュニティーに何の貢献もしない人を放置してはいけないのです。

小島氏にコミュニティーの話を聞くと、私はいつもニフティサーブのコミュニティーを思い出します。インターネットの波に流されて消えてしまいましたが、コミュニティーの質という意味であれを超えるものを私は知りません。

ＡＢＭで目指すべきはこうしたユーザーコミュニティーであり、今までのユーザー会とはまったく別の組織として設計、運用すべきだと考えています。

5-8

数値設計

図表5-6はデマンドジェネレーションの設計に使う「売り上げの方程式」です。

展示会や名刺交換などで収集したリードデータとコミュニケーションし、その属性と行動の2軸でスコアリングして、ハイスコアになったリードを「コール可能」としてインサイドセールスに回し、そこでコールして、本人と話ができた「到達」、そして営業の「訪問承諾（MQL）」と進み、営業が電話や訪問でコンタクトして、自分の案件として推進してくれると明言したものがSALになります。このSALを案件数としています。

ちなみに、日本の大手企業は「決定率」や「案件単価」には伸びしろがほとんどありません。「案件単価」でいえば「この製品は非常に技術優位性が高いのです」と説明されますが、「ならば価格を倍にしても売れますか?」と質問すると「イエス」という答えはなかなか返ってきません。

商材の競合優位性が本当に高ければ、大きく値上げしても売れるはずです。それができないなら、やはり「案件単価」の伸びしろはそれほどないと考えるべきでしょう。「決定率」も日本の営業の優

■ 図表 5-6　デマンドジェネレーション売り上げの方程式

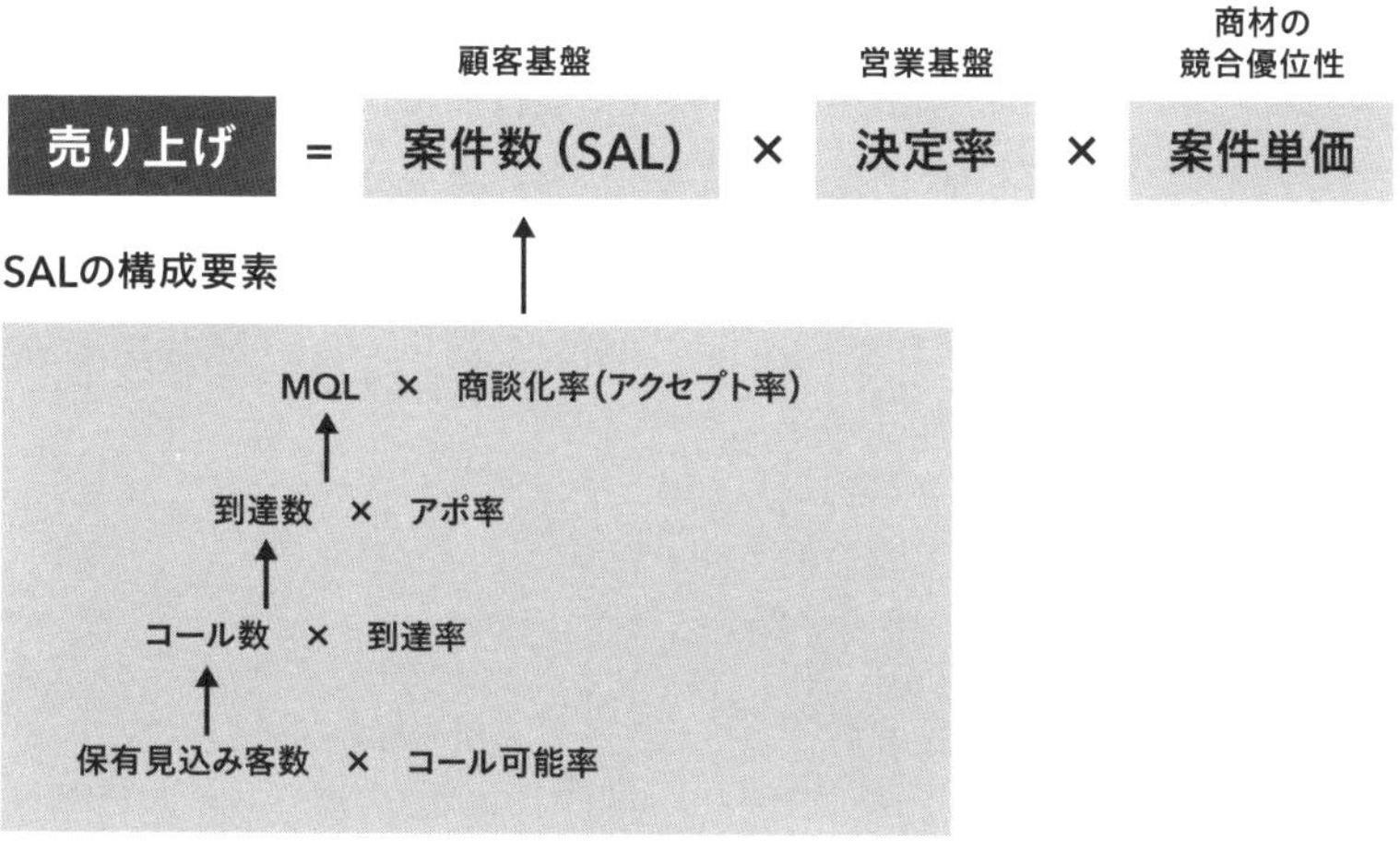

SAL：セールス・アクセプテッド・リード　　MQL：マーケティング・クオリファイド・リード

秀さと勤勉さを考えるとあまり伸びしろに期待はできません。

しかし「案件数」はそれを生み出すインフラであるデマンドセンターという組織が存在しないか、存在しても経験不足のケースがほとんどなのでここは伸びしろだらけです。

ＡＢＭの場合は、この方程式の変数が変わってきます。「保有見込み客数」が「保有ターゲットアカウントリード数」に「コール可能率」が「期間内ハイスコア率」になります。

基本的にＡＢＭのターゲットアカウントが既存顧客の場合はインサイドセールスを使いません。担当アカウントセールスチームがコールしたほうがいいからです。そうすることによって、到達率も、アポイント率も圧倒的に高くなります。

ターゲットを絞って、コンテンツをカスタマイズし、担当アカウントの名前でメールを配信しますから、メールのオープン率もクリック率も圧倒

■ 図表 5-7　シンフォニーマーケティングホールファネル

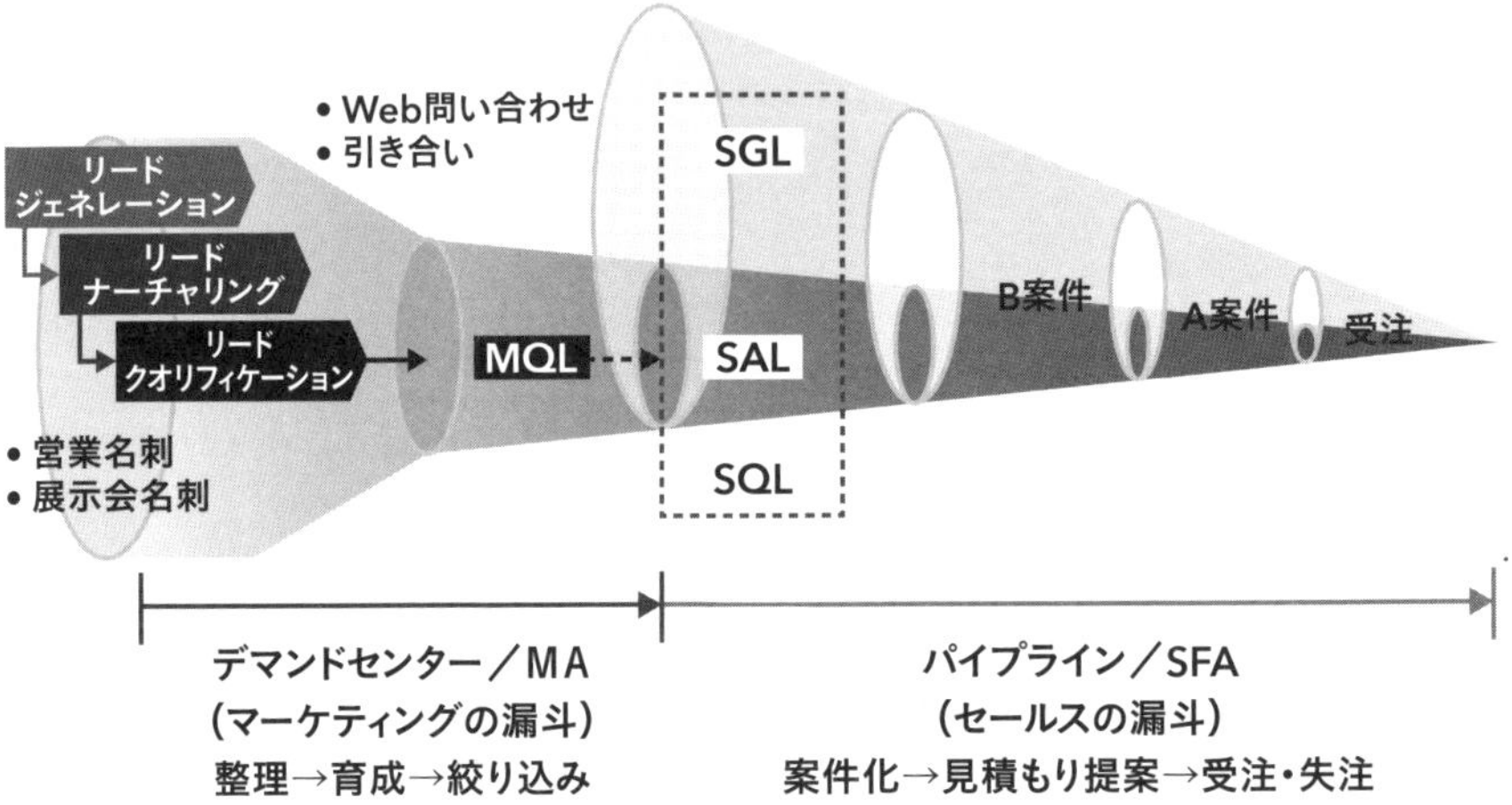

的に高くなります。もしターゲットアカウントにその商材に対するニーズがあればその行動解析でハイスコアになります。そこにアカウントセールスがコールしてアポイントを取って訪問しますから、そこまでのコンバージョン率はデマンドジェネレーションに比べて圧倒的に高くなります。

問題は、どれだけパイプラインに入るかと、その合計金額なのです。

図表5-7はホールファネルです。この図のように、セールスチームのアカウントプラン以外からどれだけの案件をパイプラインに入れられるかがＡＢＭの評価です。

ＡＢＭではマーケティングのリードタイムは短縮化できますが、セールスのリードタイムは劇的には短縮化できません。それはＢｔｏＢには「評価」というプロセスが存在し、そこの条件が極めて厳しく、時間がかかるからです。ですからＡＢＭといえども単年度でのＲＯＩで評価しようとすれば間違った結論を出すことになります。

評価すべきはこのターゲットアカウントのＭＱＬ由来の商談の数と金額なのです。

第6章

フェーズ3

組織編成

第6章では、ABMを成功させるための組織と、その組織が持つべきナレッジについて解説します。

戦略を実現するにはそれに最適化した組織を再構築しなければなりません。日本のエンタープライズ企業で組織や人事制度に踏み込むと、マーケティングの業務分掌を大きく越えることになり、「組織に手を入れずにできませんか」と言われることがあります。そのときは、以下のようにアドバイスします。

「パイロットプランは現行組織でやりましょう。ただし、そのパイロットプランが目標をクリアしたら、直ちに発動できる新組織のプランをつくって承認を取っておきましょう」

ABMは戦略です。組織は戦略に導かれなければならないのです。

6-1

組織編成の注意点

第6章では、組織編成および、関係者に浸透させるべきナレッジのポイントを解説します。そのポイントの一覧を図表6-1に示しました。6-1から6-5にわたって順に解説していきます。

日本人、特にどちらかといえば保守的なＢｔｏＢ企業は組織や慣習を壊すのを苦手としています。ある大手企業からマーケティング部門を新設したいので、人選と教育研修を頼みたいと言われたことがあります。マーケティングを内製化し、ゆくゆくはグローバルマーケティングも日本の本社主導でやりたいということでした。素晴らしいことなのでぜひやりましょう、となりましたが、人事ローテーションで暗礁に乗り上げました。私はマーケティングは専門職であり、「プロフェッショナルマーケターを育成しなければグローバルマーケティングの設計も実施もできない。3年でプロフェッショナルを養成できるはずがない」と説明しましたが、この企業の答えは次の通りでした。

「それは十分理解できるが、総合職を人事ローテーションから外すのは、役員会を通さねばならず数

■ 図表6-1　ABMを成功させるための組織とナレッジのポイント

- □ 重要顧客の担当組織を劇的に改変しない
- □ ABMとデマンドセンターを別組織にしない
- □ ABMの責任者を決める
- □ Eシェイプの中にABM専任を配置する
- □「俺の客問題」にどう対処するか
- □ ナレッジレベルの偏差値60以上を合格とする

年では乗り越えられない」

数年前の出来事ですが、日本のエンタープライズ企業で組織に手を入れるのはそれほど重い話でした。

実は今、多くの日本企業は「ジョブ型」や「アカウント制」へのチャレンジを始めており、私は懐疑的に見ています。ジョブ型とアカウント制について私の意見を示します。

ジョブ型

ジョブ型は欧米のホワイトカラーではごく当たり前ですが、日本企業にとっては導入がとても難しい人事システムだと私は考えています。それは日本の労働基準法では、職務能力が低い、目標を達成できなかったという理由では解雇できないからです。

欧米型の組織ではジョブに権限と給与が付いています。仕事が変わらなければ基本的に給与が上がることはありません。給与を上げたければ給与の高いジョブにチャレンジするしかないのです。そしてそのジョブで採用されたとしても、目標を達成できなかったり、上司からみてスキルが足りなかったりしたら解雇になります。誰かが解雇になるとそのポジションが「オープン」になり、自薦他薦でエントリーした人の中から最適の人が採用されます。

そういうプロフェッショナルの世界がジョブ型です。だから欧米のマーケティング担当者は自分のスキルアップとネットワークづくりに惜しみなく時間とお金を投資します。

シンフォニーマーケティングでは丸山直子副社長と私が交互に海外のマーケティングカンファレンスに参加していますが、いつも感じるのはマーケティング先進国の人々の「学ぶ姿勢」と「ネットワーキングの意気込み」のすごさです。常に解雇の恐怖と戦い、チャンスを求めている彼らと、決して解雇されないぬるま湯で育った日本人が同じ土俵で戦えるのかと考えてしまいます。

法改正もしないまま、表面だけジョブ型を取り入れたりしないで、ならば思い切り日本独自の人事システムを考えるべきではないのか、と思うのです。スキルが足りない、目標を達成できなかった、という理由では解雇できない日本企業がジョブ型に移行するのはとても大きな矛盾をはらんでいます。

アカウント制

アカウント制は、事業部単位で持っていた営業部門を統合し、顧客を担当するアカウントセールスに自社製品すべてを販売させようとするもので、私はこれも多くの日本企業には無理があると考えています。ＢｔｏＢはプロとプロの世界です。専門知識が足りない人間が訪問すればせっかくの案件を潰すことになってしまいます。そもそも日本企業は社員ですら覚えきれないほどの膨大な数の製品やサービスラインアップを持っています。売った経験がない製品やサービス、よく理解していない商材は営業にとって顧客に紹介したくない商材です。もし顧客に質問されて満足な答えを返すことができなければ顧客からの信頼を損なうリスクがあるからです。私は営業の専門性を大事にすべきだと考えています。新製品を売らない、隣の事業部の製品やサービスを勉強しないといった社内の課題は、アカウント制ではなく「横軸のマーケティング部門を機能させる」ことで解決すべきです。

多くの企業では、重要顧客にはアカウントチームが付いています。企業によってはそのチームに販売代理店が入っていたりもしますが、いずれにしてもチームで守っています。このチームはＡＢＭで大切にすべき存在です。すでに担当顧客と信頼関係を構築し、顧客固有の状況を理解しているからです。しかし多くの場合このチームには自社の商材の中で売っていない商材があるはずです。事業部単位でアカウントチームを持っていれば他の事業部の製品やサービスを売るはずも紹介するはずもないのです。これを解決する手段は営業の組織再編でも人事異動でもありません。インセンティブでもないと考えています。

唯一の解決法は横軸のマーケティング部門の設置と、連携です。後述するＥシェイプ組織はその代表的な例です。

6-2

ABMとデマンドセンター

私はデマンドセンターを持たない企業がABMに取り組むべきではないと考えています。それはABMでは通常のデマンドジェネレーションよりもさらに精緻なデータマネジメントとコンテンツマネジメント、アナリティクスなどを求められるからです。

欧米のBtoB企業の人と話していると「バイスプレジデントオブABM」、とか「ABMマネジャー」「ABMリード」という肩書の人をよく見かけます。彼らはもちろんマーケティング部門であり、デマンドセンター出身ですが、その中でABMにフォーカスした仕事をしているということです。ABMは通常のデマンドジェネレーション以上の営業、販売代理店、生産技術、設計などの他部門との連携を求められます。そういう意味でも、マーケティング部門やデマンドジェネレーションチームの目指すポジションとして「ABMer」（ABMの専従担当者）が存在するのです。

私は前著『儲けの科学』（日経BP）で、自社の営業チームをリスペクトできたマーケティングチームだけが成果を出せると書きました。もしどうしても自社の営業チームをリスペクトできないなら転職して、素晴らしい営業チームを持つ企業でマーケティングをすべきだとまで書きました。

これは事実です。私の40年近い経験の中で、自社の営業をバカにして上から目線で接しているマーケティングが受注に貢献したのを見たことがありません。

自社の営業をリスペクトして初めて彼らの手の内にある重要顧客の個人情報を託してもらえるのです。言うまでもなくその個人情報は法的には企業のものです。企業に管理責任があり、個人の所有物ではありません。でも、営業パーソンから見れば、自分や自分の部門の宝物であることも忘れてはいけないのです。

自社の営業を尊敬し、一方では重要顧客と最高の関係を築くという役割を担う組織とはどういうものでしょうか？

それはＡＢＭのクロスファンクショナルチームです。クロスファンクショナルチームとは重要部門をまたぐような経営課題に対処する目的で、複数の部門から選出したメンバーで構成されたチームであり、そのルーツは日本だと言われています。もはや世界で使われるビジネス用語にまでなった「KAIZEN（改善）」のキーになる全社横断の課題解決型組織です。

これがＡＢＭに応用され世界中で使われています。欧米のマーケティングカンファレンスで、ケーススタディーをプレゼンテーションする人の資料にこの「KAIZEN」という言葉を見たときは驚いたものです。これがＡＢＭのルーツであるならば日本企業のお家芸です。これも私がＡＢＭで日本は世界のトップに立てると考えている理由の一つです。

もちろんデータマネジメント、コンテンツマネジメント、アナリティクスなどの専門業務はデマンドセンターが行いますが、ＡＢＭの推進はこのクロスファンクショナルチームが担います。そういう意味では「ABMer」は営業部門にもものづくり部門にも、カスタマーサクセス部門にも存在しなければならないのです。

相手は重要顧客です。失ったら取り返しがつきません。歴代の営業やものづくりなどの努力の結晶を傷つけることは許されないのです。ですから経験を積んだデマンドセンターを中心にＡＢＭのクロスファンクショナルチームをつくるべきなのです。

第6章

フェーズ3　組織編成

6-3

ＡＢＭに必要なナレッジレベル

デマンドセンターやグローバルデマンドセンターを持っている企業がＡＢＭに取り組むときは、そのデマンドセンターの中にＡＢＭ専従チームを置くことが普通です。その人を「ＡＢＭリード」とか「ABMer」などと呼称します。そのＡＢＭ専従チームが、アカウント営業やものづくりとクロスファンクショナルチームをつくってＡＢＭに取り組むのです。

マーケティングとセールスとカスタマーサクセスのテクノロジー面でのオペレーションを統合した組織が「RevOps（レベニューオペレーション）」です。ＡＢＭの場合、重要なポイントはオペレーションではなく「戦略」と「コミュニケーション」です。高いカスタマイズと専門性が求められますから、各部門から最高の人材を選抜してクロスファンクショナルチームをつくる必要があります。

このクロスファンクショナルチームのメンバーには中級以上のマーケティングの専門知識が求められます。シンフォニーマーケティングが提供しているＢｔｏＢマーケティングのスキルアセスメントのマーケティング偏差値でいえば「60」、企業によっては「65」が求められます。

ＡＢＭの定義や用語などの基礎知識はもちろん、ホールプロダクト、キャズム理論、プロダクト・ポートフォリオ・マネジメント（ＰＰＭ）、デマンドウォーターフォールモデルやそれをベースとしたデマンドジェネレーションなどを理解していないと、ミーティングの半分を用語やフレームワークの解説に費やすことになります。

日本企業でＡＢＭのクロスファンクショナルチームを編成する場合、障害になるのがこのマーケティングの基礎知識です。マーケティングを学んだこともアセスメントを受けたこともない人が大半だからです。

その場合、シンフォニーマーケティングでは短期的な研修とアセスメントのプログラムを用意しています。幸い日本企業でＡＢＭのチームに選抜されるような人たちは学生時代にかなり高い偏差値を持っていたケースが多く、学習の要領を心得ていますので、短期間で偏差値を上げることができます。偏差値43を４カ月で67まで上げた人もいたくらいです。

もちろんクロスファンクショナルチームを率いるのは、ＡＢＭを最もよく理解した人物であるべきです。そうした人物が社内にいないケースが多い日本企業では、シンフォニーマーケティングからチームリーダーの補佐役を出して補完しています。

ＡＢＭに特別なツールは必要ありません。デマンドベース、ロールワークス、シックスセンスなどのＡＢＭ専門のツールベンダーが存在し、それぞれに機能を競っています。ツールを使うのは悪いことではありませんが、ツールがなければＡＢＭを実践できないわけではありません。デマンドセンターにとってのＭＡのように必須のツールではないのです。

必要なのはＡＢＭのナレッジです。ですからＡＢＭのナレッジを備えた組織づくりへの投資を最優先すべきでしょう。

第6章

フェーズ3 組織編成

6-4

Eシェイプ組織を編成する

では、そのABM専任者を含むマーケティング部門はどうつくるべきでしょうか?

私は日本企業が「マーケティング」というやや曖昧な言葉を使って組織を語るときには、ジョブを次の3つに分類すべきと考えています。

1 リサーチ
2 ブランディング
3 デマンドジェネレーション

1 リサーチ

基本的に製品やサービスづくりや改善に必要な情報をリサーチしますから、設計や研究開発に近いところで仕事をします。もちろんリサーチの対象は多岐にわたります。「先端技術」「エリアごとのシェア」「競合の戦略」「顧客満足度」などです。

ですからリサーチプロジェクトは多くの部門が担当しますが、リサーチのプロフェッショナルチームを常時抱える必要があるのはやはりものづくり部門でしょう。統計解析のソフトを使いこなし、いつもデータを見ている人たちです。製品やサービスの開発ならば、当然原価に算入され、資産として計上されます。

2　ブランディング

ブランドを「企業ブランド」「製品ブランド」「ソリューションブランド」に仕分けして考えるならば、広報部門が担当するブランディングは企業ブランドになります。ＢｔｏＢ企業では採用や株価に貢献します。知らない企業には入社しませんし、今どきの若者は親の反対で入社を辞退してしまいますから企業の認知度は重要です。知らない企業の株はいくら証券会社に推奨されても買いにくいものです。やはり一般投資家への企業ブランドの浸透は重要なのです。

企業によっては事業部や製品にもＰＲ担当者を置いて、全社の企業ブランドをコーポレートコミュニケーションという部門に担当させることがあります。いずれにしても、受注や売り上げよりも、長期で全体的な企業価値に貢献しますから、短期的なＲＯＩでは効果測定できない部門として位置づけるべきでしょう。

3　デマンドジェネレーション

デマンドジェネレーションを担当するマーケティング部隊をデマンドセンターと呼び、ここが営業や販売代理店に良質な案件を安定供給するミッションを持ちます。受注との相関が最も高いので、近年欧米ではここに優秀な人材を集め、潤沢な予算を持たせています。ＢｔｏＢマーケティングのカンファレンスの多くはデマンドジェネレーションにフォーカスして、ＲＯＩでアワードを決めているのは、そういう背景があるのです。

このデマンドセンターはプロフィットセンターに位置づける企業が多く、近年では自らを「レベニューエンジン」と呼ぶことがあります。デマンドセンターで活躍するＢｔｏＢマーケターは「レベニュードライバー」と呼びます。

デマンドジェネレーションは４つのプロセスから成っています。

- リードジェネレーション
- データマネジメント
- リードナーチャリング
- リードクオリフィケーション

私はこのデマンドセンターに、事業部またぎの横糸の役割を持たせるべきだと考えています。それは全社のデータを統合管理するからです。製品や技術オリエンテッドの縦糸とデータを統合管理する

■ 図表 6-2　商談機会の創出を行うデマンドジェネレーション

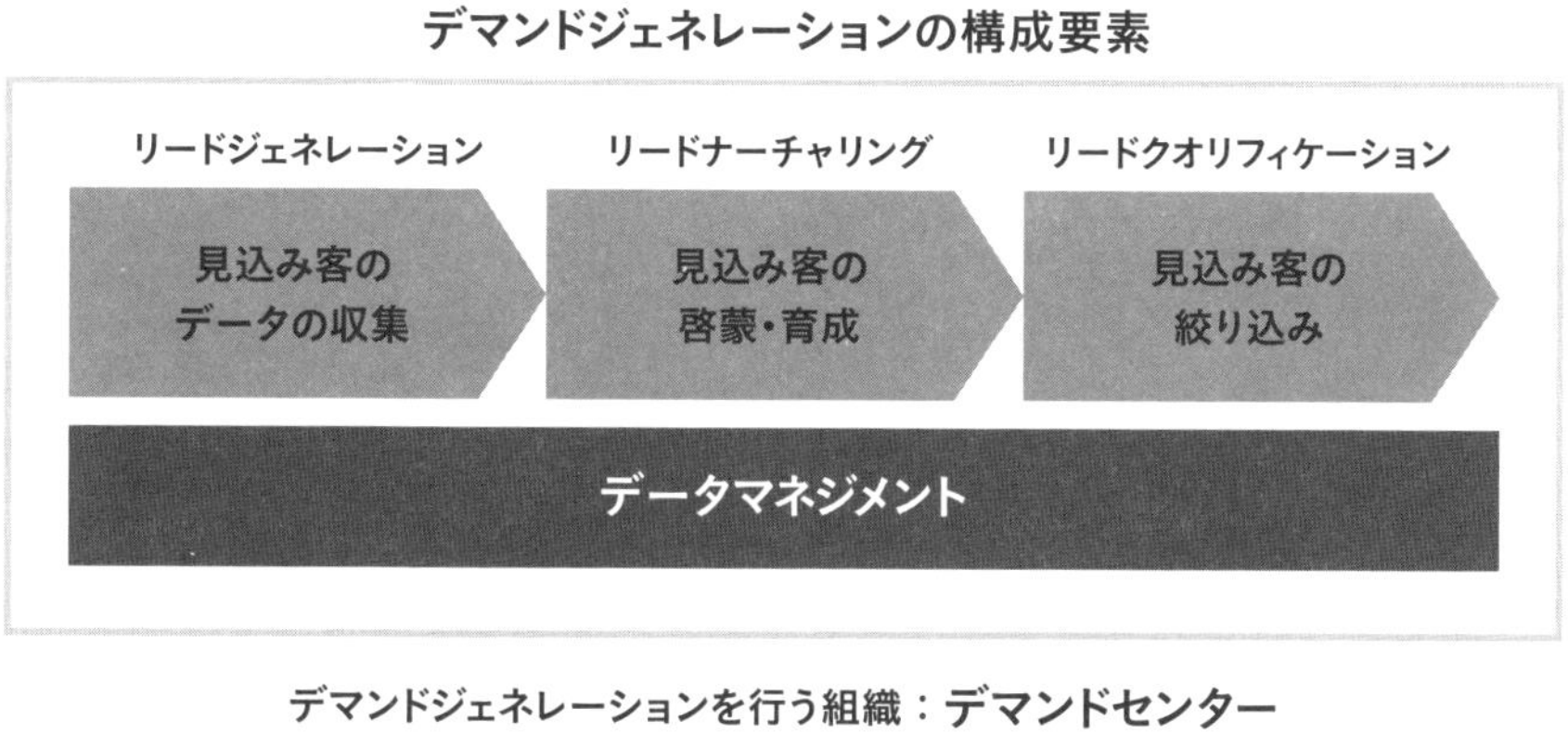

■ 図表 6-3　E シェイプ組織（ストラクチャー）

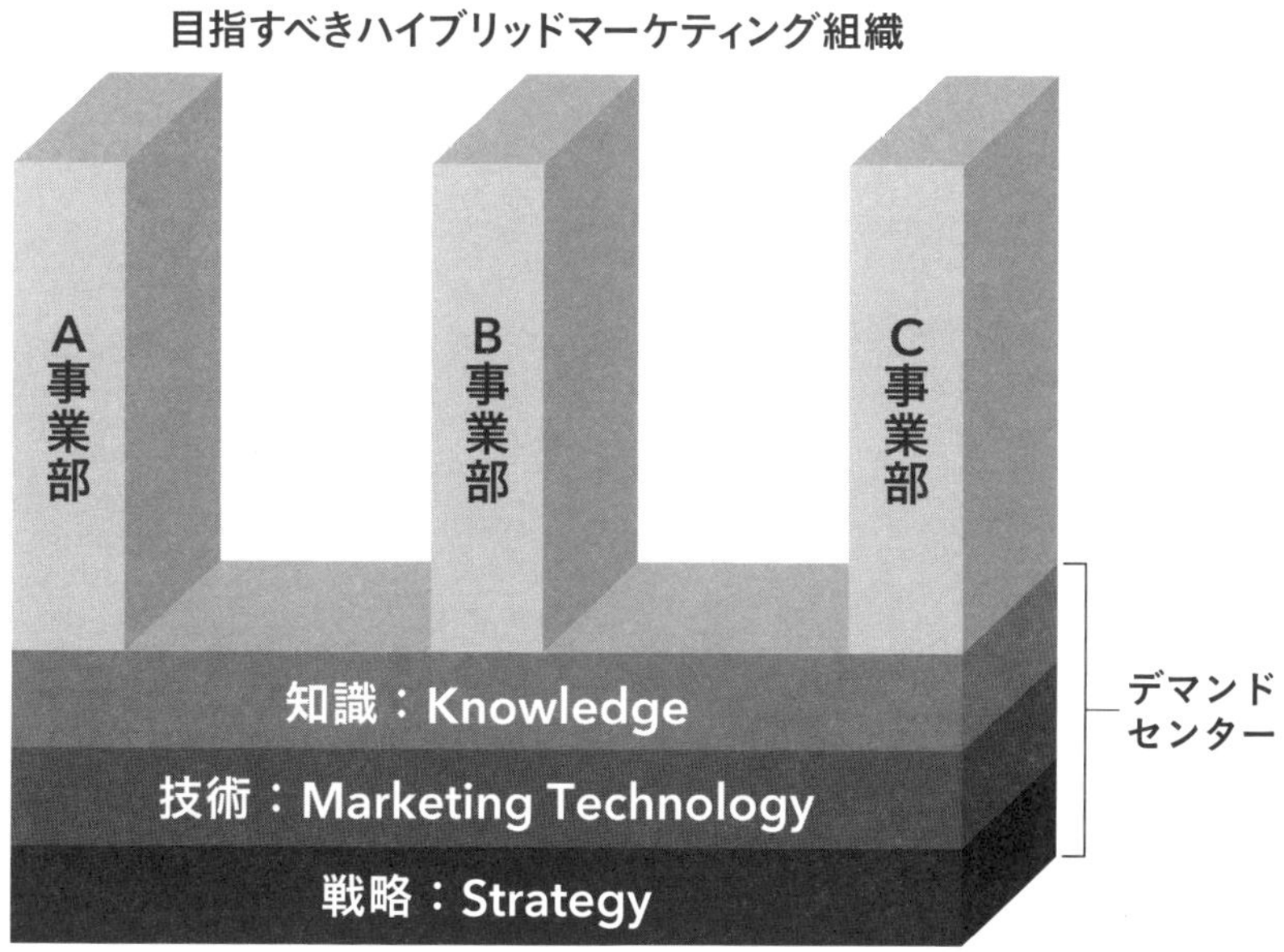

になります。

横糸で、面を構成し、重要顧客のビジネスチャンスを見逃さず、シナジーのある提案ができるように

Eシェイプ組織

エンタープライズ企業の場合はデマンドセンターを「Eシェイプ組織」で実現するのが最良だと考えています。

このEシェイプの特徴は、事業部にもマーケティング機能を残していることです。ただし、この事業部マーケティングの本籍は横軸のマーケティング組織で、事業部に出向の形を取ります。これはスキルマネジメントや転退職時の引き継ぎを考えてのことです。マーケティングのスキルアセスメントや研修などは一元管理しなければ事業部ごとに差が出てしまいます。そうならないように、横軸が統合管理し、場合によっては人員を入れ替えるなどします。

シンフォニーマーケティングは1990年にBtoBにフォーカスした日本で最初のマーケティングサービス会社として創業しましたが、当時ほとんどの日本のBtoB企業はマーケティングを必要としていませんでした。広報部門はあっても、マーケティング部門はなく、売り上げは営業部門がつくっていて、それで何も不自由していなかったのです。BtoBでもマーケティングのニーズが顕在化するだろうと考えた私の読みは完全に外れ、創業直後から仕事がない状況に追い込まれました。

救いの神は外資系のIT、ハイテク企業でした。そういう企業は欧米に普通に存在するBtoB専

門のマーケティング会社を探していたのです。それから約10年の間、クライアントの80％は外資系企業という時代が続きました。

その仕事を通して学んだのがEシェイプの組織です。外資系のIT、ハイテク企業はインダストリー(産業)カットで営業部門を持っていました。製造、金融、流通、情報通信などのセクターと呼ばれる縦糸組織にそれぞれそのセクターのマーケティングだけを企画・実施するマーケティングがいましたが、データは横軸のデマンドセンターが統合管理し、メール配信オペレーションなどがそこで制御していました。また全社のマーケティング部門のナレッジマネジメントも横軸が統括し、評価していました。つまりマーケティングに関わる人全員の人事権を持っていたのです。

シンフォニーマーケティングのEシェイプ組織は、これを日本企業に合うようにアレンジしたものです。

BtoBの場合、コンテンツは圧倒的に事業部頼みになります。専門性の高い製品やサービス、技術の導入ケーススタディーからスペック、競合との比較まで、事業部でなければ分からない情報が多すぎるからです。ですからコンテンツは縦の事業部で、データマネジメントやメール配信オペレーションは横のデマンドセンターで行い、スコアは両者で行うのがよいのです。

これはABMでも変わりません。ABMは事業部またぎになりますが、横軸のデマンドセンターの中にABM専従チームをつくり、そこを中心にABMデマンドセンターとしてワークします。

我々がEシェイプの組織を提唱してから、ABMの成功確率が格段に向上しました。組織は戦略に従わなくてはワークしないのです。

6-5

アラインメント

ＡＢＭを成功させるための最大の難関はアカウント営業チームの「俺の客問題」です。

基本的にＡＢＭで選定するターゲットアカウントの多くは既存顧客です。それも大口のお得意様です。そこには長年その企業との取引を守ってきたアカウントセールスやそのチームがいます。

営業の社内での発言力は売上金額で決まるものです。大口の顧客を任されているチームは当然最高の売り上げを稼いでいるチームになります。極めて強い社内政治力を持っています。そして彼らはその売り上げをつくるに当たってマーケティングの支援を必要としていません。フェース・トゥ・フェースでコミュニケーションし、ときにはゴルフに行き、飲みに行って人間関係を構築しながら数字を守っています。つまり彼らにとってはマーケティングなど必要ない存在なのです。

ところが、経営者がＡＢＭをやると言いだし、マーケティングと連携しなさいと言い、マーケティング部門に顧客データを渡せとか、関係性をマッピングして説明しろとか、アカウントプランを根拠も含めて説明しろとか言われるのです。

長年あらゆる努力を傾注して精一杯大口顧客を守ってきた営業部門からすれば、「怒るな」という

■ 図表6-4　アンゾフマトリックス（Ansoff Matrix）

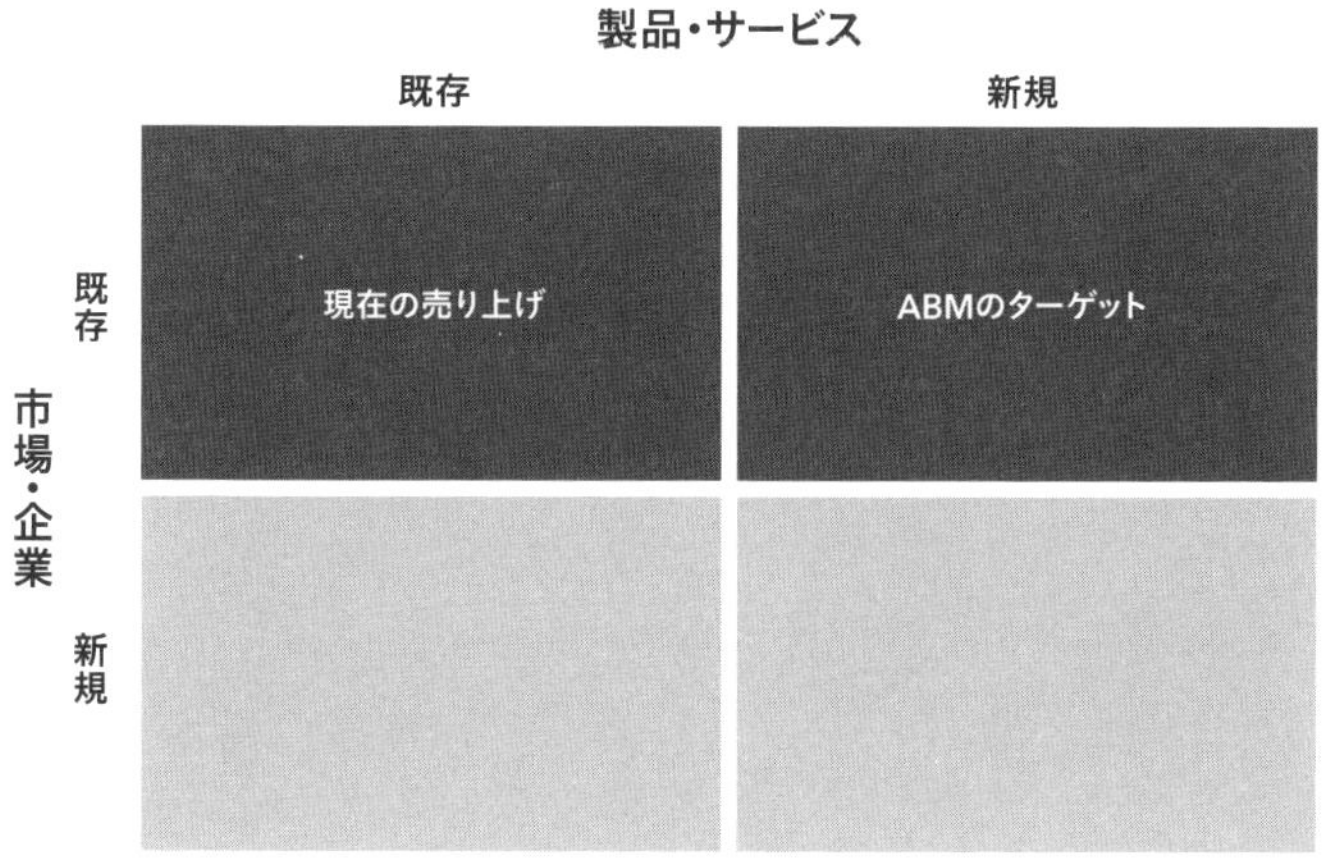

ほうが無理でしょう。それが次のような台詞になります。

「俺の客になにするんですか？」

「まさか勝手にメール配信したりしませんよね？」

「担当営業も通さずに電話するってどういうつもりですか？」

「お客様が怒って注文が減ったらマーケティングが責任を取るんですか？」


実はこうなってしまう原因は経験がないことです。日本にはデマンドジェネレーションを業務とするマーケティング組織を持つ企業はありませんでした。ですから日本企業で働く営業の多くはマーケティングと連携して仕事をした経験がないのです。そして、既存顧客に対して既存製品やサービスを販売する、つまり図表6-4のアンゾフマトリックスの左上（既存×既存）はマーケティングが必要ない象限なのです。

アンゾフマトリックスでは、縦軸が顧客で上が既存、つまりお得意様で、下が新規です。横軸は商材で、左が既存商材、右が新製品・サービスになります。

これに日本のエンタープライズ企業の売り上げをプロットすると、多くは左上の「既存×既存」に集中します。つまり社歴の長い大手企業の売り上げは既存顧客からの既存製品・サービスのリピートオーダーでつくられています。付き合いの長い顧客が、よく知っている製品やサービスのリピートオーダーをする象限ですから、それを守るために必要なのはマーケティングではなく「約束を守ること」です。納期を守る、スペックを守る、不良品や欠品を出さない、そしてコストを守る、これをしっかりやっていれば顧客はまたオーダーをくれたのです。

ですから、既存の大口顧客を守っている営業であればあるほどマーケティングと連携した経験を持っていませんし、マーケティングに興味もないものです。だから突然連携しろと言われると戸惑い、不安になり、文句を言います。

でも、私の経験ではこのアカウント営業がＡＢＭの最高の理解者で推進者になってくれます。それは彼らが最もＡＢＭのすごさを体感するからです。担当している顧客企業のなかなか行けていなかった事業所、付き合いの薄い部署や関連会社、会いたいと思っていてもきっかけがなかったキーパーソンとの縁をつくり、売らなければと気になっていた戦略商材や新サービスの案件をつくることができ、結果として担当顧客からの売り上げが拡大し、顧客シェアも向上するからです。

そして、既存の大口顧客が新製品やサービスを買ってくれないことに最も頭を悩ませていたのはものづくり部門です。彼らは新規のロングテールに売れても金額的にインパクトがないことを知っているので、やはりメイン顧客である既存の大口顧客に採用されなければ認めてはもらえません。

この課題をＡＢＭは解決します。

つまり、ＡＢＭを正しく推進することで、ものづくり部門と営業部門とマーケティング部門が連携できるのです。

6-6

BtoBマーケティング偏差値

第6章の最後に、ここまでに何度か紹介した「BtoBマーケティング偏差値」の説明をします。

2020年に『BtoBマーケティング偏差値UP』(日経BP)を上梓したときに、シンフォニーマーケティングでマーケティング偏差値を出すスキルアセスメントサービスを開始しました。以来多くの企業にこのアセスメントを受けていただき、現在では産業別、規模別、職種別などで偏差値を算出できるようになっています。マーケティング部門だけでなく、営業部門やものづくり部門でも受けていただき、全社的な偏差値を比較できるようになりました。

その中ではっきり出てきたのが、社内連携(アラインメント)と偏差値の関係です。特に営業部門の偏差値が高いとマーケティングと連携できるようになります。ものづくり部門の偏差値が高まると早い段階からマーケティングや営業と会話しながらものづくりをするようになり、その結果ヒットする商材が増え、逆にまったく売れない商材が少なくなります。

これは、営業、ものづくり、マーケティングの壁の実態が「言葉」だったことを示しています。

マーケティングは米国発祥ですから、言葉の多くは英語であり、英単語の頭文字の略語です。特に現代BtoBマーケティングは略語が多く、知らない人にとっては何を言っているのかさっぱり分からないということになります。この本に出てくる言葉でも、ICP、DoV、RevOps、ADRなど知らない人にとっては暗号のような会話になります。

しかし、これらをいちいち日本語に直すのもよいこととはいえません。SEOはサーチ・エンジン・オプティマイゼーションの略ですが、サーチは検索だとしてエンジンを日本語にするのは難しいのです。そうなると「検索エンジン最適化」という中途半端な略し方になります。

私は、ある程度のマーケティング用語はビジネスナレッジとして覚えてもらうしかないと考えています。これは営業、ものづくりから経営層に至るまでです。

そして、言葉の壁を感じなくなるのが偏差値60なのです。

私はABM専従チームをつくるときに、基本的に偏差値60以上から選抜するべきと言っています。もちろん、ABMを主導する事業本部長などの経営幹部も60以上の偏差値がほしいところです。日本の大手企業の経営幹部のMBA（経営学修士）保有率が世界の先進国で圧倒的に低いのは、歴史的な背景から仕方がないことです。しかしマーケティングだけは学ばなければなりません。ビジネスの実務経験がある人なら1年で偏差値65を目指すことが可能です。

必要な知識は学べばよいのです。

第 7 章

フェーズ4
実行・評価

いよいよABMの実行です。ABMでは実行と評価を同時に行います。多くの場合、ターゲットは既存の大口顧客だからです。信頼関係ができている相手からのシグナルを見逃せば、ビジネスチャンスを失ううえに競合につけいるすきを与えます。

取引関係ができている顧客へのキャンペーンは結果が出るのも早いものです。もちろんその結果とは利益ではありません。売り上げとは納品後に計上するものであり、利益はそこからさらに原価と経費を引いたものだからです。

ABMでターゲットアカウントの新たな商談をつくれますが、商材が持つセールスのリードタイムの短縮は難しいのです。数年かかることも珍しくない「売り上げ」や「利益」ではない数値で評価しなくてはなりません。第7章ではこれを学びます。

7-1

パイロットプラン

ＡＢＭの実行・評価は「パイロットプラン」「ワークショップ」「パイロットプランの評価」「本番稼働」という４つのプロセスで構成されます。これらを順に7-1から7-4で解説します。7-5から7-7では、ＡＢＭ実行のポイントである「コミュニケーションチャネル」「コンテンツ」「ＡＢＭリードジェネレーション」を見ていきます。最後の7-8では「ＡＢＭ実施の注意点」を取り上げます。

まずはパイロットプランです。ＡＢＭはパイロットプランから始めるべきだと考えていますが、それと日本企業がよくやる「スモールスタート」とは似て非なるものです。

ＡＢＭのスモールスタートが失敗に終わる理由は、予算をスモールにしたからでも、商材や期限を限定したからでもありません。ターゲットアカウントの選定を間違えたからです。

新しいマーケティング戦略をいきなり既存の大口顧客に採用するのは危険だから、新規の顧客や取引の小さな顧客から試験的にやってみよう、というプロジェクトはほぼ失敗します。ＢｔｏＢの収益の基本構造はＢｔｏＣのロングテールとは真逆だからです。

■ 図表7-1　実行・評価のプロセス

世界最大のＥＣ企業となったアマゾンがオンラインブックショップとして登場したとき、その売り上げの構造からロングテールという言葉がはやりました。この言葉は例えば年間で１００冊以上購入する人を頭、１００冊未満12冊以上を胴体、11冊未満、つまり月に1冊も購入しない顧客を尻尾《テール》とした場合、その尻尾が途方もなく長くなり、その尻尾の合計は胴体や頭の合計をはるかに超えてしまう売り上げ構造を示すものです。

商材特性もありますが、基本的にＢｔｏＣはロングテールの構造になります。街のレストランで月に一度は必ず行く店があったとします。お店の人は顔と名前を覚えてくれるでしょうし、自分もその店の常連だと考えています。

しかし定量的に見れば、その店は20テーブルあって、ランチとディナーを営業しています。ランチが2回転、ディナーが1・5回転で1日に合計70組のお客さまが食事を楽しみます。月に26日営業して1千８２０組のお客様が利用しますから、月に1度来店する常連さんは実は1千８２０組分の1のお客様です。売り上げ構成比で見れば０・1％にもならない存在です。

BtoBではどうでしょうか？　業種にもよりますが、最大顧客の売り上げ構成比率が10％を超えるのは普通です。取引実績では1千社以上の顧客を持っていても、その上位10社で売り上げの50％を稼いでいるというケースは少なくないのです。そうなると、1千社中の売り上げ500位の企業と、上位10社に入る企業はまったく別の存在になります。

これはパイロットプランで上位の大口顧客を避けて小口の顧客から始めるのはまったく意味がないことを示しています。成功しても何のインパクトもないばかりか、そもそもABMのターゲットアカウントとまったく異なるセグメントの企業ですからデータも経験も役には立たないのです。パイロットプランはあくまでターゲットアカウントと同一セグメントの同規模でなければ意味がありません。

2015年にある企業でABMのプロジェクトにコンサルタントとして入ったことがあります。企業としてマーケティングの経験も理解もないので、スモールスタートでまず実績を出したい、という話でした。その代わり、1年後の経営会議で実績を発表する機会をいただけるということでスタートしました。

過去5年間で平均年間2億円の売り上げだった顧客をターゲットアカウントに選定し、1年で35％の売上増を実現しました。私は経営会議の発表資料をつくり、控え室で待っていましたが、前の議案が紛糾してなかなか呼ばれません。結局会議は終了し、ABMの報告は資料回覧という形になりました。そして何の反応もなかったのです。その会社の売り上げは1千500億円でしたから、7千万円の売り上げアップなど議論する価値もなかったのでしょう。

しかし、そのターゲットアカウントが売り上げ上位の大口顧客の事業部なら話は違っていたはずです。７千万円でも十分にインパクトがあったかもしれません。

以後私は「スモールスタートでＡＢＭに取り組みたい」と顧客が言った場合は、ターゲットアカウントの数、商材、期間をスモールにするのは構いませんが、逆に重要顧客以外からターゲットアカウントを選定することは明確に否定しています。

パイロットプランやＰｏＣなど呼び方はいろいろありますが、基本は同じです。ＡＢＭの場合は、まずターゲットアカウントを選定し、その中から数社を選んでパイロットプランをスタートし、あらかじめ決めておいたしきい値を超えたら直ちに本導入するという青写真がなければ意味がないからです。ＰｏＣが止まるのは、成功した場合のアクションを決めずに実行するからだと私は考えています。

7-2

ワークショップ

ABMのタイプが決まり、パイロットプランのターゲットアカウントが決まったら、営業部門やものづくり部門とマーケティング部門から成るABMクロスファンクショナルチームでのワークショップです。コンテンツ制作担当者も早い段階から参加させたほうがよいでしょうし、販売代理店経由で販売しているなら代理店の担当営業も必ず参加してもらいましょう。とても重要でかつタイムマネジメントの難しいクリエイティブなワークショップですから、可能であれば合宿形式で、場所を変え、他のミーティングなどから遮断できる環境でやるとよいでしょう。

まずそこで、ターゲットアカウントのバイヤーグループの確認から入ります。バイヤーグループが定義できていなければここでそろえます。それをカバレッジ分析表に落としてそれをみんなで確認します。満遍なくフォローしていたつもりの顧客とのコンタクトが意外に偏っていて、バイヤーグループをカバーできていないことが分かるかもしれません。あの人に会えていないならあの商材は売れないわけだ、という当たり前なことがシェアできるかもしれません。

ターゲットアカウントの確認と、バイヤーグループとのカバレッジヒートマップを確認する理由は、このミーティングで、このターゲットアカウントが自社をどう認識しているかを、購買履歴、営業との会話、製品／サービスの利用状況などから読み解き、攻略のヒントを得るためです。

さらに次の項目を掘り下げていきます。

- なぜそれを購入してくれているのか？
- なぜ自社の製品／サービスを選んでくれたのか？
- それは誰が決めたのか？
- その製品やサービスのニーズは他の事業部や関連会社にないのか？
- 顧客は自社をどんな存在と認識しているのか？
- それはなぜか？
- なぜそれを購入せずに競合から購入しているのか？
- それは誰が決めているのか？
- 自社製品でリプレースするために必要な条件は何か？

そしてターゲット企業の意思決定プロセスと、各階層それぞれの自社とのリレーションをマッピングします。

私は米国でこのワークショップに何度か参加したことがありますが、ターゲットアカウントと自社の関係性を壁一面のホワイトボードに書き出して、アカウントプランと実際のキーパーソンへのカバーの矛盾などを徹底的に洗い出すワークショップでした。ときに、プロジェクトリーダーを務めるマーケティングマネージャーから厳しい突っ込みがありました。

「なぜその新しいキーパーソンに会えていないの?」

「努力はしてますがまだ実現していません……」

「いつ会うのですか?」

「いつとは確約できません……」

「このアカウントは守れないと言っていると解釈しますけれど、それでいい?」

「……」

こうした厳しいやり取りに、その場に同席していたこの企業の日本法人のマーケティングマネージャーはどんどん暗い表情になっていきました。彼は私にこう耳打ちをしました。

「こんなことを日本でやったら大変なことになりますよ。米国と日本ではマーケティングと営業の力関係が違います。それにアカウントセールスの社内政治力も桁違いなんですよ」

多くの米国企業ではマーケティング部門はエグゼクティブを輩出するエリート集団ですが、日本はそうではありません。外資系企業といえどもワークショップのやり方は日本流にアレンジしないと大変なことになるでしょう。

またこのワークショップで、意外なビジネスチャンスが見つかることもあります。ターゲットアカウントの中である事業所だけ取引履歴がまったくなかったので質問すると、次のように言われました。

「あの事業所の工場長は競合の○○とべったりなんです。ユーザー会の会長ですし、業界では有名です」

つまり、競合と強い関係を持つ事業所や部署への訪問は営業にとっては時間の無駄に思えて敬遠したいものなのです。しかし、すべての商談を工場長が決裁するとは限りません。社内の意思決定プロセスや政治力は常に変化します。このときは、この事業所の工場長以外の人に集中してコンテンツを送ることにしました。その結果、1年後にその事業所からの大型受注を獲得できたのです。

ワークショップで意外な市場の新しい可能性が見つかり、ターゲットアカウントに取引のない業界の数社を加えたこともあります。

コンビニなどに並ぶ食品の製造業がケース単位でのトレーサビリティーを実現するためのセンサーと通信機器を一体化したシステムを拡販するためのＡＢＭワークショップをしていたとき、私は、シンフォニーマーケティングが支援している別の製薬会社の担当者が、「欧州から始まった新しい薬品安全基準がとても厳しく、倉庫内の管理だけでなく、倉庫から顧客までの輸送中の衝撃や温度などの管理も義務づけられそうだ」とこぼしていたのを思い出したのです。NDA（秘密保持契約）がありますから具体的な社名や会話の内容は話しませんでしたが、次のように説明したところ、同席した営業本部長が反応しました。

「位置情報だけでなく、温度や衝撃のセンサーを組み合わせてリアルタイムでモニタリングできるなら、製薬会社や医薬品に特化した物流会社にニーズがありますよ」

その会社は食品メーカーだけにフォーカスしていて他の業界はノーマークでしたが、急きょ製薬会社数社と医薬品専門の物流会社をターゲットアカウントに含めました。個人情報やネットワークは一切ありませんから、リードジェネレーションプランから始める必要があります。しかし展示会やセミナー、そしてラウンドテーブルなどを織り込んだABMリードジェネレーションプランから、大型案件が複数生まれたのです。

今ではこの会社は製薬を含めたヘルスケア産業から大きな売り上げを獲得しています。

こういうワークショップを生産的に行うには、マーケティングとファシリテーションの経験が必要です。欧米の企業ですら、ここは外部のプロを使うことが多いのです。ABMコンサルタントのメイン業務はこのワークショップのファシリテーションと言ってもいいほどで、弊社への依頼もここがとても多いのです。

第7章

フェーズ4　実行・評価

7-3

パイロットプランの評価

パイロットプランとは「やるかやらないかを検討するためのお試しプラン」ではありません。システム開発会社が頭を抱えているPoC（概念実証）はその名の通り新しい概念を実証するものです。しかし実証した後に本格開発をするかどうかは確定していません。予算もリソースも確保されていません。だからPoCが止まっても多くの場合二度と動き出しません。

これが「PoC地獄」や「PoC死」と呼ばれる状況を生み出しました。無料または無料同然の低コストでのPoCプロジェクトは多いのですが、本格開発が始まらないのです。

ABMのパイロットプランはこれとは違います。そもそもABMは新しい概念ではないし、すでに世界中で検証が済み、効果検証が終わっています。概念を実証する必要はないのです。

ではなぜパイロットプランを行うかといえば、ABMが多くの場合既存の大口顧客を対象に実施されるからです。失敗は許されません。だからターゲットアカウントの選定、DoV（Definition of Value：価値の定義）の定義と表現、コンテンツなどをチューニングするためにパイロットプランを行います。

連続し、連鎖した戦略を実現したいなら、その準備が必要です。例えばワン・トゥ・フューの場合にターゲットアカウントを24社選定し、初年度はこの中の6社でパイロットプランを実施するなら、同時に24社に展開する予算とリソースを確保していなければなりません。

米国のグローバル企業がＡＢＭを導入する場合、米国内の1社または数社でパイロットプランを進めますが、検証項目がクリアになったら直ちに拡大し、翌年には欧州を中心としたＥＭＥＡ、翌々年にはＡＰＡＣ（アジアパシフィック）というような導入順序と、予算やリソースまで組んであります。

パイロットプランの検証は売り上げではなく、ターゲットアカウントのパイプライン内の想定商材の案件と金額です。

ＲＯＩは使いません。その理由はＲＯＩは会計的な業績指標で「Ｒ（リターン）」は純利益です。納品して売上を計上して、原価と経費を引いて、税金を納めた残りに減価償却を足したものを純利益といいます。ＢtoＢの大型商材なら純利益が確定するのは数年先の話です。それを待ってはいられないので、パイプラインの中でＫＰＩ（重要業績評価指標）を定義します。この場合も「受注」をＫＧＩ（重要目標達成指標）として、それに最も強い相関を持つプロセスをＫＰＩとして定義するとよいでしょう。

工作機械やパッケージタイプの業務アプリケーションなど価格がおおよそ決まっている商材なら案件数で、素材やシステム開発など案件ごとに価格が大きく異なる商材なら金額で評価します。

気をつけたいポイントは、ＡＢＭは営業のリードタイムを短縮できないということです。既存顧客であれば、顧客の担当者からサンプルの要求があり、それを評価し、さらに価格などの問い合わせと交渉があり、納期の確認があり、と進んでいきます。多くの工程は顧客と相対で行いますから、ここはショートカットできません。

ですから、通常の営業リードタイムで考えて1年では到達できない目標を設定すれば、成果は「ゼロ」という結果になり、ABMを否定するという間違った結論を導き出します。

実は、マーケティングプロジェクトはこうした間違った目標設定で終了してしまうことが多いのです。

ABMの主な評価指標を次に挙げます。この中から自社に合ったKPIを使いましょう。

- パイプラインの案件数ｏｒ金額
- ターゲットアカウントの接触カバー率の向上（カバレッジ分析のヒートマップ比較）
- 顧客ロイヤリティーの向上（営業ヒアリング）
- 案件リードタイムの短縮（パイプラインマネジメントで計測）
- 営業アカウントプラン外の案件数

第７章

フェーズ4　実行・評価

7-4

ＡＢＭの本番稼働

パイロットプランで定めたしきい値をクリアしたら、直ちに本番稼働に移行します。準備された人的リソース、外部リソース、予算などを起動します。

日本企業でよくあるのは、パイロットプランの予算やリソースしか確保しておらず、目標をクリアしてから改めて予算の確保に動く、というやり方です。

第１章で述べた通り、ＡＢＭがここまで普及した理由の一つは「競合排除の効果」です。あなたの会社にとって大切な顧客は、競合にとっても魅力的なターゲットです。競合を排除しなければ、逆に自社が排除されます。

始めたコミュニケーションを中途半端にやめることは、顧客から見てうれしいはずがありません。

ＡＢＭはデマンドジェネレーションの進化形です。実施するデータマネジメントも、コンテンツマネジメントもきめ細かく、エッジを立てることはあってもまったく違うことを実施するわけではありません。二重投資を防ぐ意味でもナレッジを蓄積するためにも、デマンドセンターの要員を中心にＡＢＭのクロスファンクショナルチームを編成します。だからやめずに本番移行することが大事なのです。

ＡＢＭは戦略です。それも全社戦略です。経営者がコミットしなければそもそも始めるべきではありません。そのコミットとはスモールスタートのパイロットプランの実施についてではありません。ＡＢＭを全社の戦略の中心に据えるというコミットです。やる、やらないの検討は、パイロットプランの策定のはるか以前に終わっていなければなりません。

7-5

コミュニケーションチャネル

日本企業は、既存の大口顧客には人間というインターフェースしか持っていませんでした。その反動で、ＡＢＭとはオンラインだけ、空中戦だけという間違った解釈をしている人がいます。

ＡＢＭは戦略です。その戦略を実行する戦術はデマンドジェネレーションとほとんど同じで、それをよりきめ細かく実施するだけです。ＡＢＭが注目され始めたときに米国で「何も新しくない、ビッグアイデアもない」と揶揄《やゆ》された通り、外見はデマンドジェネレーションとあまり変わらないし、だからこそハイレベルなデマンドセンターが絶対に必要なのです。

利用するコミュニケーションチャネルもメールだけではありません。メールだけ、人間だけ、オンラインだけ、電話だけ、という限定はする必要はなく、むしろ使えるものは組み合わせて最も効果があるように使うべきです。

日本市場では展示会もとても有効なチャネルです。プライベートカンファレンスもＡＢＭにはとても有効です。セールスフォースの創業者マーク・ベニオフ氏は同社の売り上げが１００億円だった時代にプライベートカンファレンスであるDreamforce（ドリームフォース）に10億円を投資したといわれています。

拙著『儲けの科学 The B2B Marketing』（日経ＢＰ）の中で、静岡県伊豆市にある、日本ＩＢＭの天城ホームステッドの活用を、日本で最も成功したＡＢＭのモデルケースだと紹介しました。ここでの研修に講師として招かれた私は、50年以上前に伊東駅から車で30分もかかる不便な伊豆山中にあのエグゼクティブ向け研修センターをつくり、日本の大手企業の経営幹部と良好な関係を築き上げ、その結果として日本市場から数10兆円の売り上げを獲得した戦略に戦慄し、感動しました。

製造業であれば、顧客の事業所内の一室を借りて実施する内見会やデモはとても有効です。トラックを改造したデモ車に自社製品を積んで全国の顧客の工場を回り、新型製品の販売を伸ばしたコンプレッサーメーカーもあります。複数の事業所に分散しているキーパーソンに集まってもらったうえでのラウンドテーブルも有効です。よいスピーカーを用意して、今のターゲットアカウントにとって有益な情報を提供することで関係をよりよいものにできます。

オンラインコミュニケーションの経験が豊富なデマンドセンターを持っている企業なら、ＡＢＭ専用のメールアドレスやサブドメインを用意することもできるでしょう。どの企業でもキーパーソンは「忙しい人」です。メールを多く受け取りますからいちいち開封などしないはずです。すでにフィルタリングであなたの会社からのメールマガジンはゴミ箱に自動で振り分けられているかもしれません。

ＡＢＭはデマンドジェネレーションの進化形です。ならば新たなコミュニケーションも検討してみるべきでしょう。

7-6 コンテンツ

「コンテンツイズキング」とはマーケティングで昔から言われている言葉です。戦略が決まり、それに準拠したインフラが整備された後、ものを言うのはコンテンツです。コンテンツで成否が決まります。どんなに優れた戦略でも、語りかける言葉が陳腐なら台無しなのです。

コンテンツは機能紹介ではありません。展示会の出展情報、セミナーの開催告知などはベンダーが届けたい情報であって、バイヤーグループが知りたい情報ではありません。

きちんと設計され練られたコンテンツは、コミュニケーション能力の高いアンバサダーと同じ役割を果たします。製品やサービスの本質的な価値を顧客に伝え、不安を取り除き、手に取って見たり、ショールームに行って実機を見たりしたくなります。

BtoBの場合、趣味や嗜好で情報収集する人はいませんから、その人の置かれている状況によって欲しい情報は決まります。

体調の良くない人が病院を選ぶときを例に説明しましょう。日本の診療所（入院施設が19床以下の医療施設）の表記は法律と医師会のガイドラインで医師名と診療科目と決められていました。仮に「佐藤」

という医師が内科の診療所を開設すれば「佐藤内科」となります。この名称では、内科の中でも何が得意なのかは分かりません。

本当に具合が悪くて真剣に診療所を探している人の多くは、複合的な課題を持っています。血圧が高く、血糖値や肝臓の数値もよくないといった具合です。そうなるとこの人が探しているのは、血圧に詳しいだけでなく、血糖値や肝臓との関係性も理解して治療できる医師や診療所となります。

残念ながら、そんな「得意」が分かる情報を調べるのは難しいのです。

民間企業にはこうした法的な規制はありません。ならば、伝えるべきはそうした複合的な「得意」の情報なのです。「何でもできる」は「何もできない」と同義の言葉です。何のインパクトもありません。大事なのは「これしかできないけれど、これをやらせたら超一流」という情報です。

シンフォニーマーケティングはその名の通りマーケティングサービスの会社です。マーケティング関連サービスの会社などはいて捨てるほど存在します。その中には電通などの超大手企業も入りますから、規模からいえば埋もれてしまう存在です。

でも、BtoBだけに特化しているといえばぐっとエッジが立ってきます。日本ではまだとても少ないからです。

さらに売り上げ規模1千億円以上のエンタープライズBtoBに特化しているといえば、日本にシンフォニーマーケティング以外にほとんど存在しないでしょう。加えて、「ABMが得意で、製造業のクライアントが多くて、コンサルティングから人材育成から現場のサポートまでのサービスメニューを持っています」といえば、ほとんど唯一無二の存在になります。

伝えるべきは、そうした複合的な「得意」であり、それはターゲットアカウントのどんな課題を解決するか、です。

グローバルで見ると、ＢｔｏＢ専門のマーケティングサービス会社は希少な存在ではありません。米国には数え切れないほどあります。しかし「アプローチが極めて難しい日本市場に強い」という特徴があれば、希少な存在になります。シンフォニーマーケティングが外資系企業の本社から直接問い合わせをいただくのは、これが理由なのです。

コンテンツとは「何が得意か」を知らせる目的を持っています。どんなときに相談すべき相手なのか、どんな課題を抱えているときに必ず声を掛けるべき存在なのかを知ってもらうコンテンツマネジメントが重要なのです。

それを相手に合わせてよりカスタマイズするのがＡＢＭです。

私はマーケティングの要諦は「ライトパーソン、ライトインフォメーション、ライトタイミング」つまり、正しい人に、その人が欲しい正しい情報を、正しいタイミングで届けることだと教えられました。この原理原則はＡＢＭでも変わらないのです。

- エコノミカルユーザーは市場トレンド、特に自社と近い業種・業態の同規模の動向やトレンドを気にする
- テクニカルユーザーは技術動向やトレンド、製品ごとのシェア、その理由などを知りたいものである

・オペレーショナルユーザーは隠しコマンドやショートカットキーなど、自分の仕事を楽にしてくれる情報を欲しがる

こうしたターゲットアカウントのバイヤーグループの各階層に合わせてカスタマイズされたコンテンツが必要なのです。

良質のストーリーは連鎖的な効果を生むことがあります。コンテンツを見た人がインフルエンサーとなって第三者に伝えてくれるのです。

7-7 ABMリードジェネレーション

カバレッジ分析の結果、ターゲットアカウントのバイヤーグループの個人情報が少なかった場合は、やはりリードジェネレーションをしなければなりません。欧米ではここにシックスセンス、ズームインフォ、インテンシファイ、ファロスアイキューなどのサービスベンダーが提供するインテントデータソリューションのサービスを使います。

インテントとは「意思がある」という意味で、ある明確な意思を持った行動データを指す言葉です。検索、参考図書の購買、ホワイトペーパーのダウンロード、動画の閲覧などです。

しかし日本では個人情報保護法の法規制が厳しいこと、そしてインテントデータのベースになるリンクトインが先進国では最も普及していないことなどの理由でサービスを提供していません。ですから、やや古典的な、展示会へ出展、セミナーやウェビナーの開催、ホワイトペーパーのダウンロードや動画閲覧のフォームからの登録データなどを収集しなければなりません。

では、そのABMリードジェネレーションの効果測定はどうするのでしょうか?

まずリードジェネレーションの定量的効果測定について説明します。

リードジェネレーション（見込み客を集めるプロセス）の効果を測定するKPIとして、CPL（Cost per Lead：見込み客個人情報獲得単価）があります。展示会やSEO（検索エンジン最適化）などで収集する個人情報1件当たりの獲得単価をベンチマークする手法で、リードの定義は名刺の表面と同等の情報です。社名、部署名、役職、姓名、メールアドレス、所属する部署の電話番号、勤務しているオフィスの住所などです。

名前とメールアドレスだけ、とか社名と姓名とメールアドレスだけ、というデータは捨てる必要はありませんが、リードとしてカウントしません。どこに勤務している人か分からなければ、アポイントの取りようがないからです。

CPLは、リードジェネレーションを測る最もベーシックなKPIとして使います。例えば展示会で収集する場合、社員の人件費を除く全ての出展関係費用を、獲得した個人情報の数で割ったものです。

CPL＝「出展総コスト」÷「獲得個人情報数」

BtoB企業の展示会でのリード収集コストの平均は、1件当たり1万～1万5千円です。1千万円の総費用で出展し、800枚の名刺を集めたとしたらCPLは1万2千500円となります。

計算式を見て分かる通り、CPLを下げるには、出展コストを下げるか、収集データ数を増やすかしかありません。簡単にいえば、少ないコストで多くの名刺を収集すればCPLは1件当たり3千円程度にまで下げることが可能なのです。

このCPLも初級・中級・上級があります。上記のように展示会の総コストを獲得個人情報数で単純に割る方法が初級です。中級は集めた個人情報の中から、競合や営業対象外を除いた数（有効個人情報数）で割るもので、先の例であれば、800人の名刺から競合・営業対象外の100人を引くと、獲得個人情報数は700人となり、CPLは約1万4千300円となります。

上級は、さらにその700人を自社のデータベース（MA）に流し込んだとき、既に自社が保有していた個人情報を差し引いた「純増数」をカウントします。もし純増が400人ならばCPLは2万5千円である、と計算できるのが上級です。もちろんこれはMAの中のデータがきちんと名寄せされていることが前提です。

これをCPNL（Cost per New Lead：純増個人情報獲得単価）と呼びます。

ABMではこれを応用して、CPTA（Cost per Target Account：ターゲットアカウント個人情報獲得単価）を使います。

ターゲットアカウントが既存顧客であれば、社内に名刺交換によって入手した顧客データは数多く存在します。しかし当然ですが、名刺交換ということは営業が会っている人ですから、取引のある事業所や部署のデータに偏っていることが普通です。もしABMで販売したい戦略商材のターゲット部署が取引のない事業所や部署であれば、名刺交換による入手データはないことになります。そこを展示会やSEOなどで獲得するのです。

ターゲットアカウントの数によって大きく違いますが、CPTAは高いときには数十万円になることもあります。

顧客の事業所の会議室などを借りて自社製品の内覧会や、デモセミナー、製品勉強会などを開催することもあります。このときにはＣＰＥＮＬ（Cost per Existing New Lead：既存顧客個人情報獲得単価）を使います。

7-8

ABM実施の注意点

粒度には注意が必要

米国でABMが普及してきた2010年頃はワン・トゥ・ワンタイプのABMを「ストラテジックABM」と呼び、そのキーパーソン一人ひとりにカスタマイズしたコンテンツを制作していました。ゴルフが好きな人にはゴルフのスコアアップを例にしたケースを織り込んだり、乗馬が好きな人には馬のタイプを例に語りかけたりしていました。

とても手間がかかりますが、例えばERP（Enterprise Resource Planning：統合基幹業務システム）というカテゴリーの最大手である独SAPは、導入の初年度で100億円を超える受注になることがあります。100億円のビジネスを取りに行くならこうした手間のかかるコミュニケーションが可能だったのです。

ただ、私は日本ではこの手法はそのまま使うべきではないと考えています。人は自分をよく知られていることが心地よいとは限らないからです。

もしあなたが初めて会う人と飲みに行ったとき、最初から一番好きな銘柄のビールが出てきて、おつまみは好物ばかりで、次に出てきたワインも大好きな銘柄で、2軒目にカラオケに行ったら頼みもしないのにいつも歌っている曲がかかったらどう思うでしょうか？　普通なら気味が悪く感じるでしょう。

つまりターゲットを絞るということは、一つ間違えると相手に気味の悪さを感じさせてしまいます。その距離感が分からないとＡＢＭは実現できません。

その距離間は営業だけが知っています。だから営業とマーケティングの緊密な連携が必須なのです。

案件は探すだけでつくれない

ＢｔｏＢマーケティングの特徴の一つは、エモーショナル（感情的）ではないことです。稟議《りんぎ》書の購入申請の理由に「欲しいから」とは書けないのです。つまり、いくらプロモーションが成功しても、それで案件をつくるのは難しいということです。案件をつくれないならマーケティングは何をするのかといえば、案件を「見つける」ことです。

ＢｔｏＢでは案件はあくまでも購買側の課題やリスクに応じて発芽します。販売側の意図でつくることはできませんが、それが発芽したときに誰よりも先に発見することはできるのです。

既存の大口顧客であれば、案件を発見することさえできれば、それなら誰が決裁権を持っている、誰々には面識がある、と商談のシナリオを組み立てるのは容易です。ＡＢＭは発見に貢献します。

ＡＢＭに人寄せパンダは必要ない

ＡＢＭでも自社カンファレンスやラウンドテーブルなどのリアルコミュニケーションを活用します。そのとき気をつけたいのは「ＡＢＭに人寄せパンダは必要ない」ということです。数百人を集客するイベントで集客のために有名人をスピーカーに呼ぶのはよくあることですが、ＡＢＭではむしろ逆効果になることがあります。

企業がある課題に直面し、それを解決する必要に迫られている場合、その担当になった人は真剣に課題解決の情報を求めます。それは正しい解決法を探しているだけでなく、選択すべきでない自社に合わない情報も収集します。人寄せパンダを使うということは「本質的な部分で勝負できない」と見なされます。

だからＤｏＶから外れてはいけないのです。自社が提供する価値を愚直に伝えることが大切なのです。

ＡＢＭは戦略ですが、メールマガジンやカンファレンス、ラウンドテーブルなどは戦術です。戦術を考えるときはついそれを成功させることに意識が集中し、その結果、人寄せパンダを使いたくなるものです。

日本ＩＢＭの天城ホームスタッドというエグゼクティブ研修施設に、都心から2時間もかけて集合したら、そこにビジネスとは関係のないお笑い芸人がいて、1時間もその話を聞かされたらどう思うでしょうか？

課題解決のヒントを求めている人は、道草など食いません。

◇　◇　◇

いうまでもなく、ＡＢＭの対象は特別に重要な存在です。ＡＢＭは重要顧客と最高の関係を築く戦略です。ならばそれに相応しい特別なマーケティング＆セールスを展開すべきです。そして継続的に改善していくことです。気まぐれに始めてすぐ止めるなら、顧客に悪い印象しか与えないでしょう。自由度を与えてはいけないものが戦略です。戦略の間違いは戦術では補えません。ＡＢＭはまぎれもなく戦略なのです。だから「特別な位置づけ」が必要なのです。

ＡＢＭを正しく習得し、実施し、重要顧客と最高の関係を築いてください。それが高収益企業への唯一の道なのですから。

おわりに

私が日本に初めてＡＢＭを紹介した『究極のＢｔｏＢマーケティング　ＡＢＭ』（日経ＢＰ）を出版したのは２０１６年でした。今では欧米で50冊以上の書籍がリリースされて、ＡＢＭはもはやエンタープライズＢｔｏＢの王道とも言うべき戦略になりました。

それから9年がたち、世界のＡＢＭも大きな進化を遂げ、私の会社も多くの実績を積み上げることができました。そこで、弊社の丸山直子副社長と私は情報をアップデートしようと話し合い、ＡＢＭの新しい専門書を書くことにしました。

２０２３年秋の事です。

その出版の打ち合わせの中で、日経ＢＰ日経クロストレンドの勝俣哲生編集長や酒井康治さんから、「今、庭山さんが書くべきなのは『ＢｔｏＢマーケティングの大全』のような本ではないのか？」と言われました。私がマーケティングに出会って44年になります。プロフェッショナルマーケターになってからでも40年を超えています。確かに、ＢｔｏＢマーケティングの黎明《れいめい》期からの歴史や、それを実現するテクノロジーの変遷を書ける人間は私くらいかもしれないと思いました。その意見に従って歴史や成り立ちを中心にＢｔｏＢマーケティング全般を書いたのが前著『儲けの科学 The B2B Marketing』で、２０２４年3月に出版しました。ありがたいことに今時珍しい４８０ページのこの大作は多くの方に読んでいただき、とても良い反響もいただきました。

一方で、やはり2023年に書かねばと思ったABMの専門書の必要性がますます高まってきました。日本企業がABMの正しい情報を必要としている時なのに、2016年に出版した私のABM本もさすがに書店では見かけなくなりました。

まさに今、日本のBtoB企業の事業担当者、営業リーダー、そしてマーケティング担当者が学ぶべきはABM一択です。そんな思いで2024年の晩秋から書き始めたのがこの本『法人営業は新規を追うな　重要顧客と最高の関係を築くABM』です。

この本の編集は日経BP技術プロダクツユニットクロスメディア編集部の中山秀夫さんが担当してくれました。編集のプロとしての意見やアイデアはとても心強いものでした。中山さんと清嶋直樹さんはじめクロスメディア編集部のみなさんにこの場を借りてお礼を申し上げます。

私の会社シンフォニーマーケティング株式会社では、スペシャリストの内海美徳さんがこの本の校正や資料確認などをサポートしてくれました。内海さんは弊社で長く一緒に仕事をしてきたなかで私の書き癖などを理解してくれていて、とてもスムーズに執筆を進めることができました。

またこの本の執筆にあたっては海外の多くの友人がアドバイスや情報を寄せてくれました。エロクア創業期にマーケティングVPを務めたスティーブ・ゴシック氏、コロンビア大学大学院の教授を務めたルス・スティーブンス氏、ABMソリューションのトッププランナーであるロールワークスでCMOを務めたランディ・バーシャック氏、ABMマルチコミュニケーションプラットフォームのON24でアジア太平洋地区のトップを務めるダニエル・ハリソン氏、ABMに特化した米国を代表するマーケティングエージェンシーのジャストグローバルでCEOを務めるブランドン・フリーセン氏、ＡＢＭに特化したリサーチファームのITSMAで中心的な役割を果たし今はロンドンを拠点にしてＡＢＭに特化したコンサルティングファームであるインフレクションを率いるベブ・バージャス氏、インターダイレクトネットワーク（ＩＤＮ）で理事長を務めるアーノルト・バンデンバスキン氏、などにこの場を借りて感謝申し上げます。

この本は私にとって8冊目となりますが、２００８年1月に出版した1冊目からこの８冊目まですべての書籍をプロデュースしてくれたのが弊社の丸山副社長です。財務、人事・組織、サービス開発、そして営業と素晴らしいマルチな才能を持った経営パートナーの彼女がいることで、私はマーケティングだけに専念することができています。今回も、企画の段階から、構成、章立て、草稿の修正などほとんどに関わってくれました。いつもながら彼女のおかげで自信を持ってみなさまに読んでいただける本に仕上がりました。

また、晩秋から書き始め、年末年始のほとんどを執筆に充てることを許してくれた家族にもお礼を言いたいと思います。この本はこれまでの7冊と同じように赤城山南麓にあるシンフォニーの森の小さなコテージで書きました。執筆に集中できるように気を使ってくれ、いつもそっとコーヒーをいれてくれた私の奥さんにも感謝をささげたいと思います。

２０２５年新春

赤城山南麓のシンフォニーの森にて

シンフォニーの森（筆者撮影）

[著者プロフィール]

庭山 一郎（にわやま・いちろう）

プロフェッショナルBtoBマーケター
大学教授、経営者、作家、ナチュラリスト

1990年シンフォニーマーケティング株式会社を設立。35年間で約600社の企業に対しBtoBマーケティングのコンサルティングを手がける。各産業の大手企業を中心に国内・海外向けのマーケティング&セールスの戦略立案、組織再編、人材育成などのサービスを提供。

海外のBtoBマーケティング関係者との交流も深く、世界最先端のマーケティングを日本に紹介している。

ライフワークとして、「シンフォニーの森の再生」に取り組む。

・中央大学大学院ビジネススクール客員教授
・早稲田大学WASEDA NEO講師
・IDN（InterDirect Network）理事
・「日経クロストレンド BtoBマーケティング大賞2024・2025」審査委員長

著書
『儲けの科学 The B2B Marketing』（日経BP）
『BtoBマーケティング偏差値UP』（日経BP）
『究極のBtoBマーケティング ABM（アカウントベースドマーケティング）』（日経BP）
『BtoBのためのマーケティングオートメーション 正しい選び方・使い方』（翔泳社）
『サラサラ読めるのにジワッとしみる「マーケティング」のきほん』（翔泳社）
『ノヤン先生のマーケティング学』（翔泳社）
など多数

法人営業は新規を追うな
重要顧客と最高の関係を築くABM

2025年2月25日　第1版第1刷発行

著者	庭山 一郎
編集	中山 秀夫、清嶋 直樹
発行者	浅野 祐一
発行	株式会社日経BP
発売	株式会社日経BPマーケティング
	〒105-8308
	東京都港区虎ノ門4-3-12
ブックデザイン	沢田 幸平（happeace）
制作	マップス
印刷・製本	TOPPANクロレ株式会社

ISBN 978-4-296-20715-2

本書籍に関するお問い合わせ、ご連絡は下記にて承ります。
https://nkbp.jp/booksQA